群星闪耀时
这个时代的足坛传奇

费迪南德自传

双面人生

2SIDES:
RIO FERDINAND
– MY AUTOBIOGRAPHY

[英] 里奥·费迪南德
[英] 大卫·温纳 著
虎扑翻译团 译

新世界出版社
NEW WORLD PRESS

#2SIDES: RIO FERDINAND - MY AUTOBIOGRAPHY

by RIO FERDINAND, DAVID WINNER

图书在版编目（CIP）数据

费迪南德自传：双面人生 /（英）费迪南德，（英）温纳著；虎扑翻译团译. -- 北京：新世界出版社，2016.5
（群星闪耀时：这个时代的足坛传奇）
ISBN 978-7-5104-5638-1

Ⅰ. ①费… Ⅱ. ①费… ②温… ③虎… Ⅲ. ①费迪南德－自传 Ⅳ. ① K835.615.47

中国版本图书馆CIP数据核字（2016）第 053901 号

费迪南德自传：双面人生

选题策划：蒋　祥　邓东文　陈中捷
作　　者：［英］里奥·费迪南德　［英］大卫·温纳
译　　者：虎扑翻译团
责任编辑：丁　鼎　周　帆
责任校对：宣　慧
责任印制：李一鸣　高　金
出版发行：新世界出版社
社　址：北京西城区百万庄大街 24 号（100037）
发行部：（010）6899 5968　（010）6899 8705（传真）
总编室：（010）6899 5424　（010）6832 6679（传真）
http://www.nwp.cn
http://www.nwp.com.cn
版权部：+8610 6899 6306
版权部电子信箱：nwpcd@sina.com
印　刷：北京旭丰源印刷技术有限公司
经　销：新华书店
开　本：710mm × 1000mm　1/16
字　数：231 千字　印张：17.25
版　次：2016 年 5 月第 1 版　2016 年 5 月第 1 次印刷
书　号：ISBN 978-7-5104-5638-1
定　价：59.80 元

ENGLAND

FERDINAND
5

我和朋友的母亲赛维利。

我和安东——我是老大哥。

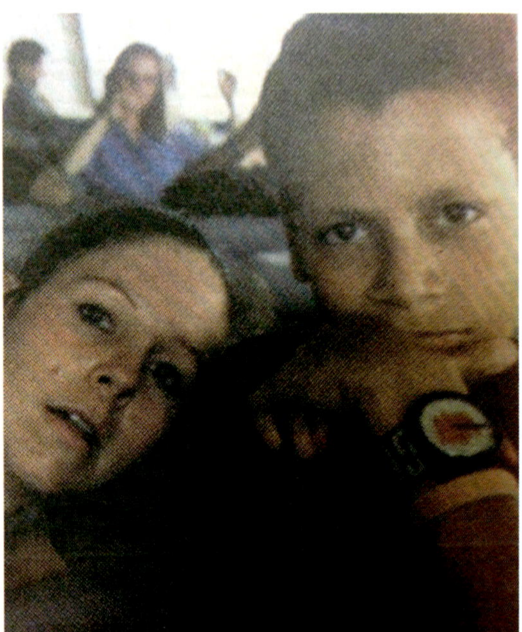

我和妈妈。

妈妈、彼得、沙恩和耶利米。

爸爸、丽莎、克洛伊、安雅和雷米一块儿旅行。

我和丽贝卡。

我和我的小公主在电视机前的沙发上依偎在一起。

在老特拉福德，我的三个孩子陪我一起在我的纪念赛上出场。

我和伙计们。

我和朋友们在酒吧准备观看弗洛奇和格罗夫斯的拳赛。

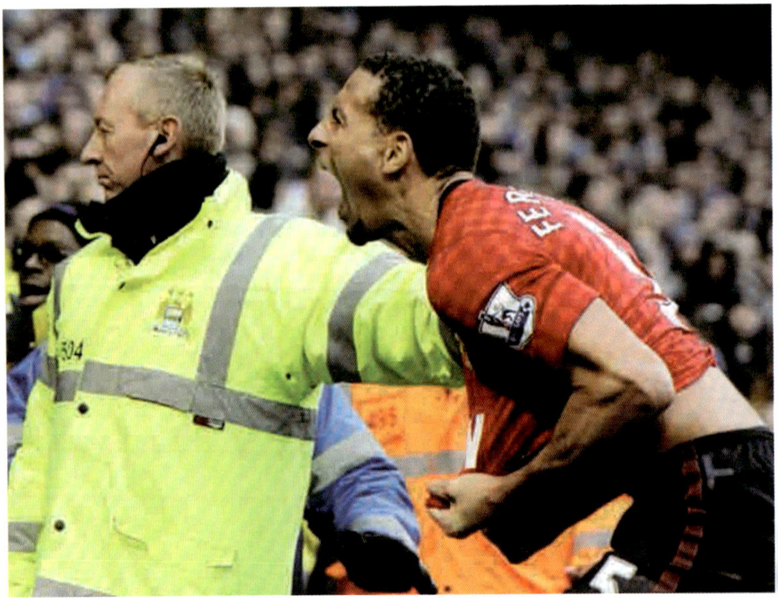

球场上激情四射。

当英格兰橄榄球队击败威尔士队后，我、卡里克和约翰（理疗师）一同在英格兰队的更衣室里。

马拉多纳送我签名球衣。

我和铁锤帮的传奇球星朱利安·迪克斯。

十六七岁时，我和乔迪·莫里斯（我的老朋友）在比赛。

我和一代传奇马拉多纳。

2014年，我在里约热内卢同荷兰球星罗宾·范佩西和尼格尔·德容在一起。

我和晚年的纳尔逊·曼德拉。

我和罗纳尔多。

我在训练基地的最后一张照片，将用了12年的柜子清空。

我和贝利。

我和杰米·卡拉格在《#5》杂志和宇舶表举办的派对上。

1998年法国世界杯上，我与迈克尔·欧文同在英格兰阵中。

我同兰帕德和克劳奇在2006年世界杯上。

我代表利兹联队出战。

2002年，我在日本出战世界杯。

我和罗纳尔多在训练中。

我、老头子和吉格斯——2008年欧冠联赛和英超联赛双冠王。

我和丽贝卡。

足球以外的计划：2003年的F1摩纳哥站，我和媒体在聊天。

有时你需要向一些球队脱帽致敬，因为他们配得上这样的尊重：这支巴塞罗那队是我遇到过的最强大的球队。

我职业生涯的顶峰——作为国家队队长参加2010年世界杯。

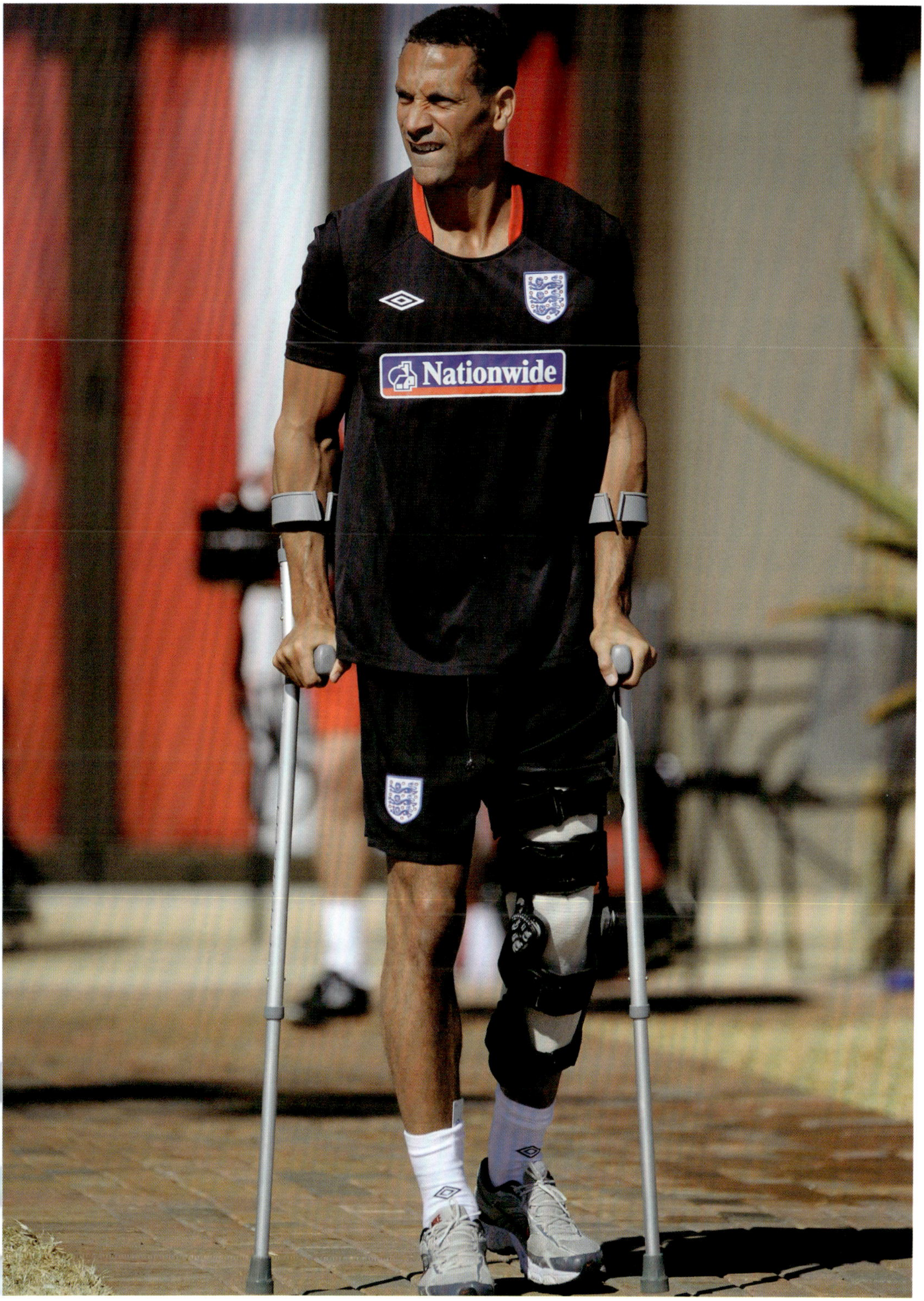

2010年遭受的伤病给我带来了严重的打击，但也给了我时间去思考。

我以队长的身份参加英格兰队的新闻发布会。

2014年7月，我和哈里·雷德克纳普一同参加女王公园巡游者的新闻发布会。

我代表女王公园巡游者出战。

我和安东。

我和刘易斯·汉密尔顿。

我、乔尼·埃文斯、迈克尔·卡里克和内曼亚·维迪奇来到切斯特赛马场。

我和博比·查尔顿爵士。

我和内曼亚·维迪奇。

BARCLAYS
MANCHESTER UNITED

关于两位主帅的故事，其中一位明显更加适合曼联：当亚历克斯·弗格森爵士退休时，我们充满信心，相信可以延续他给曼联留下的胜利传统，但事实证明，莫耶斯上任后在球场内外做出的变动实在太多，也来得太快了。

BARCLAYS
AON

鸣谢

我要感谢我的妻子丽贝卡（Rebecca），感谢你在我的足球生涯以及场外事业上的持续支持——你就像岩石一般可靠。我的孩子蒂亚（Tia）、洛伦兹（Lorenz）和泰特（Tate），感谢你们让我保持微笑。我的父亲朱利安（Julian），他的伴侣丽莎（Lisa），我的母亲詹尼斯（Janice）和她的伴侣彼得（Peter），感谢你们给我的无条件的爱和支持。感谢我的兄弟安东（Anton）和杰雷米亚（Jeremiah），我的姐妹希安（Sian）、克洛伊（Chloe）、安雅（Anya）、雷米（Remy），以及所有帮助我拥有今天生活的人；你们都在我的生活里留下了各自的印记，感谢你们，永远爱你们。

我想对亚历克斯·弗格森爵士（Sir Alex Ferguson）表示衷心的感谢。他是一位伟大的主帅，也是我的榜样。感谢哈里·雷德克纳普（Harry Redknapp），他给予我成为职业球员的第一次机会。感谢所有的教练、理疗师、装备管理员，以及食堂员工在整个职业生涯里对我的照料。谢谢你们。

感谢这些年来所有和我并肩战斗过的队友们——我无法在此一一列举你们的名字——这是一段不可思议的旅程。也要感谢所有与我交手过的对手，是你们让我从不懈怠，谢谢！

特别的感谢送给球迷们，你们是所有足球俱乐部的基石。能够为你们而战，我感到非常荣幸。感谢你们给我这个机会。

同时，我想感谢皮尼·扎哈维（Pini Zahavi）、杰米·莫拉莱（Jamie Moralee）、皮特·史密斯（Pete Smith），以及新时代全球体育管理公司的所有员工。你们在我的职业生涯中给予我支持和引导，是我准备退役后生活的催化剂。无论巅峰还是低谷，在我需要帮助时，你们总是陪伴左右。

感谢你们！

里奥，2014年7月

序

在西汉姆联，当里奥还是个16岁的瘦小天才少年时，我就认准他日后会成为最顶级的球员，而他的确做到了。

他是个多么出色的球员啊！他没有辜负年轻时的巨大潜力，成为一名不可思议的球员——毫无疑问，他是全欧洲最好的后卫。

在球场上，他就像是一辆劳斯莱斯，而在场下，他也是一个了不起的男人。

他从我执教的西汉姆联开始了职业生涯，我很高兴我们能够在女王公园巡游者再度聚首。

但里奥不仅仅是一名伟大的球员。

他来自于一个美好的家庭，就像这本不同寻常的、真诚而充满思考的书所展现的，他已经成长为一个卓越非凡的男人：睿智、正派，对足球和生活有着深刻的体会。

当他最终挂靴时，将会是令人难过的一天，但我在这里再做一个预测：无论他接下来做什么，都会是值得关注的！

哈里·雷德克纳普

目 录
CONTENTS

第一章　尊重

* * *

我在社区踢球是为了快乐

但那些伙计

如果他们在街上看到我

如果他们说“那就是里奥

他是个很棒的球员”

那就是我希望从他们口中听到的

在我家所在的那片居民区的两栋大楼之间，有一片面积狭小的绿地。那里的环境令人无法直视，但那里又是如此美妙。那里就是我们的温布利（Wembley），我们的老特拉福德（Old Trafford）。在那里踢球，你需要设法避开周围的树木，还得小心别踩进地面上的坑洼里崴到脚。我们没有现在的小孩子所拥有的那种漂亮的带球网的球门，我们的球门的一边或许是一棵树，而另一边可能是某个人的上衣。有时候我们三四个人组成一队，有时候就得 15 个人组成一队，这取决于当天有多少人来踢球。我并不喜欢和同龄的孩子踢球，因为我觉得这种比赛实在太幼稚了，我更喜欢同年长一些的孩子踢球。通常他们会说我年龄太小，但用不了多久他们就会对我肃然起敬，让我参与到他们的比赛中，因为我踢得实在不赖。我们过去常坐在台阶上有说有笑，谈论比赛和我们的人生，直到深夜才离开。他们也都踢得不错，大部分都是利物浦的球迷。其中有一个名叫加文·罗斯（Gavin Rose）的孩子，他比我大两岁，在球场上的表现也胜过我，我们都习惯叫他“我们的约翰·巴恩斯（John Barnes）”，他现在仍是我最要好的朋友。

我的父亲对足球不太感兴趣，他对中国功夫更加痴迷。而我则执着于足球，日复一日地在场上奔跑着。放学后，我就出去找个地方练习技术，或是踢踢野球，我的整个世界被足球占据。那时候，我们踢的比赛是最原生态、最质朴的。我们虽然在南伦敦的简陋场地上踢球，但眼光却投向了全世界。一个叫斯蒂芬（Stefan）的小伙子有所有意甲近期比赛的录像。那时候，意甲还是世界上最好的联赛。于是，我们经常一窝蜂地涌进斯蒂芬的家里观看意甲比赛的录像，看完后就会出门去模仿刚刚看到的动作。那时候不像今天这么方便，如今，你按一个按钮，全世界的足球视频就会通过电视或互联网源源不断地输送到你的面前。但我们会在电视上收看一切我们能看到的足球节目，比如《每日比赛》（*Match of the Day*）、《主看台》（*Grandstand*）和《圣约翰与格里夫斯》（*Saint and Greavsie*）①。

最近，我的儿子每天睡觉前都会说：“爸爸，你能帮我把油管（YouTube）上内马尔（Neymar）的那段视频打开吗？”而在我小时候，我的偶像是马拉多纳（Maradona）。斯蒂芬手头有马拉多纳练习颠球的视频，还有他在世青赛上代表阿根廷出战的录像，我都特别爱看。他一对一面对防守球员，然后轻松过掉他们，这些表演实在美妙。踢球时，我们都希望像马拉多纳那样。我们还会按照广播里的解说，模仿他在世界杯上对英格兰的那个进球，一边带球，

---

① 这三个节目没有标准的中文译名，只有第一个在中国有较大影响，一般都用MOTD简称。——译者注。书中的文下注释如无特殊说明，均为译者注。

一边大声喊道：“他就像鳗鱼一样灵活转身，那个小个子……”（我们对这段解说词倒背如流）“……他内切过掉了布彻（Butcher），将他甩在身后……外道超车芬威克（Fenwick），将他甩在身后……”然后我的射门击中门柱弹进球门，“这就是为什么里奥是世界上最棒的球员！”

马拉多纳是第一个令我感到“我希望像他一样踢球”的球员，但是我和他在身体条件上实在是天差地别。当我年纪渐长后，我开始喜欢一些别的球员，比如弗兰克·里杰卡尔德（Frank Rijkaard）、约翰·巴恩斯、保罗·因斯（Paul Ince）和加扎（Gazza）。如果你只是跑得快或是爱踢人的话，你就不是我所喜欢的类型。我喜欢那种天赋异禀、才华横溢的球员——大家都喜欢这样的球员。约翰·巴恩斯是我最喜欢的英格兰球员，不过我们大多还是更崇拜一些国外的球星，我们向他们学习，磨炼我们的技术。场上谁技术最好，谁就会被认为是我们这片街区最重量级的人物。

过了很长时间，当我在许多俱乐部试训时，我意识到，技术并不是英国足球比赛中最被看重的部分。我是幸运的，特别是在西汉姆联（West Ham）时，因为我的教练从不会对我们进行洗脑，让我们以一种与自身风格截然不同的方式比赛。他们接纳了我的风格，并且希望我保持自己的特点。那时候，很多在西汉姆联的年轻球员都有着出众的天赋：格伦·约翰逊（Glen Johnson）绝不是循规蹈矩的右后卫；迈克尔·卡里克（Michael Carrick）脚法出色，在场上从容不迫，视野宽广，长传精准；乔·科尔（Joe Cole），尤其是在他年纪还很小的时候，就有着不可思议的技术；弗兰克·兰帕德（Frank Lampard）始终有着独树一帜的风格。我们从未被强迫按照某种特定的方式去踢球，也从来没有人嚷嚷着要开掉我们。

当我 13 岁时，盖文提出我们每个周日去伯吉斯公园（Burgess Park）那边和一些比我们年纪大得多的非洲人一块儿踢球。他们来自塞拉利昂、尼日利亚这样的国家，在场上十分强硬，富有侵略性，球技也很出色。我的母亲不想让我去那儿踢球，她觉得我们会卷入麻烦中，而且一旦遇到麻烦，我们只能留在那儿卷入斗殴，或者玩命逃跑避免灾祸。她最终做出了妥协，不过头几次我都是悄悄地溜出去的。要走到那个公园，我们先得从修道院住宅区（Friary Estate）出发，经过另外两处住宅区——这段路不太好走。然后我们需要穿过一片荒地，经过一辆吉卜赛大篷车，那儿有大狗在巡逻，很可能给我们带来麻烦，尤其是在天色较暗的时候。

那些非洲人都不是好惹的，他们的年纪几乎比我们大一倍——基本都是二三十岁。他们总是开车过来，估计都有自己的家庭。一开始，他们对我们不以为意，所以我们只能用自己的表现征服他们，获得加入比赛的机会。那个时候，我就开始觉得自己能成为一名职业球员。不过我踢球的动力是始终如一的：我踢球是为了赢得尊重，赢得同龄人的尊重，赢得对手和队友的尊重，赢得观众们的尊重。

就这样，我和我的同伴会去那个公园，在一旁自顾自地踢着球，卖力表现我们的技术，希望他们能让我们加入。一开始我们询问是否能加入，他们说："不，你们还太小了。"

后来有一次，他们终于允许我们加入，结果发现我们踢得还不错。在那之后，他们每次都会让我们加入。在我家这边的街区踢球是轻松愉快的，但在那边就完全不是一回事了。这些人的身体敏捷且强壮，而且，如果你没有及时传球，你的队友可能会踹你一脚。我们从来都不戴护腿板，所以当我们被踢倒时——这常常发生——会疼得几乎要哭。但当你看到他们望着你的眼神时，你就意识到，如果你哭出来，他们就再也不会让你在这里踢球了。所以你只能想办法忍住疼痛，拍拍屁股站起来。

这些人长得比我高，速度比我快，块头比我大，身体也比我强壮许多。我猜想，如果我可以和他们同场较量，我会进步很快的。我学着思考自己如何传球和跑动。这并不是水平多高的比赛，也没有什么战术可言。但无论在身体上还是心理上，踢这种比赛都十分费劲。我不可能在速度和对抗上占任何便宜，于是我只能尝试一些别的踢法，慢慢练习如何不依赖速度去击败他们。

在那儿踢球帮助我快速成长。有趣的是，我们从来都不曾真正认识那些人，如果你问我他们当中任何一个人的名字，我是叫不出来的，我们之间的友谊纯粹是建立在足球上的。我们在每周日过去，踢几个小时球，然后就离开，他们也不愿意同我们这些青少年混在一块儿。但在一场球赛结束，离开那个公园时，我心里非常清楚，我已经赢得了他们的尊重。如果我在别的地方被他们看到，他们会说："噢，那就是里奥，他踢得真不错。"这就是我想从别人口中听到的。

我非常担心现在的小孩子们，因为我觉得他们被过度保护了。同之前的那几代球员不同，他们如今像是需要小心轻放的易碎品，浑身被包裹得严严实实。但是当他们在职业生涯或是在日常生活中遇到困难时，就会十分挣扎。

现在和过去巨大的一点不同是，现在的孩子们无论是来训练还是离开都有私家车接送，似乎一切都为他们准备妥当。当我 14 岁时，每天得花两个小时搭乘巴士和火车去训练，然后回家又是两个小时。放学之后，大部分伙伴都会去玩转瓶游戏或是捉鸟儿，因此，当我说"我就玩个 10 分钟，然后我就得走了，不然我就赶不上火车"时，他们都会嘲笑我，但是我绝不能迟到。有几个小孩完全可能成为职业球员，但他们总说"那只鸟已经飞到那儿了"，然后留在那里继续玩耍。现在，他们还在建筑工地工作。

我的行程如下：从我的学校——布莱克希思慈善学校（Blackheath Bluecoats）①——出发，乘坐 53 路公交车去纽克罗斯站（New Cross），这需要 20 分钟。然后我在纽克罗斯站搭乘东伦敦线去白教堂（Whitechapel），沿河岸走一段路，再坐地铁去斯特拉特福德（Stratford），在那儿乘坐地面列车去达格南（Dagenham）和雷德布里奇（Redbridge）。接下来又得乘坐一班公交车去查德维尔希思（Chadwell Heath），最后步行 10 分钟抵达西汉姆

---

① 该学校是位于布莱克希斯的教会学校。

联的训练营，训练结束后按原路返回。每个周二和周四的晚上我们都得如法炮制。我们三个人每周一起从佩卡姆（Peckham）赶路过去：我，安迪·麦克法兰（Andy Macfarlane）——现在是一名球探，还有一个叫贾斯汀·鲍文（Justin Bowen）的老伙计，他现在有一份普通的工作，不过依然坚持踢业余比赛。我的行程实在太紧了，但这也成就了今天的我。要想每天坚持这个行程，就必须遵守纪律，还得有强烈的踢球的欲望。从那时起，我开始逐渐步入成年人的世界，学着如何灵活应对挑战。

当学徒要吃很多苦，但这也会让你变得更机敏，对环境变化有更强的适应能力。在20年前，为成名球员擦鞋是成为职业球员必须要走的一步。在我刚到西汉姆联时，托尼·科蒂（Tony Cottee）就把我修理了。当时，他是俱乐部最优秀的球员之一，身披9号球衣，而我的一项主要任务就是打理好他的球鞋。我还记得在弥漫着鞋油味的球鞋室里，我正在和别人有说有笑，这时，有人高呼我的名字："该死的费迪南德在哪里？"我走出门，看到一个身高5英尺多点儿的矮壮男人——他就是托尼·科蒂。

"我的球鞋在哪里？"他问道。

"什么球鞋？"我说。

"你是我的'鞋童'，我的球鞋在哪儿？"他说。

我说他的球鞋就挂在球鞋室里，这是别人叫我这么做的。他说："每个早上，我都要看到我的鞋子、我的训练装备在我的位置上摆好。"当我说这不是我的职责时，他发火了："你是我的鞋童，我说什么你都得照着做。"然后他就走了。

于是在那年，每天早上托尼·科蒂的所有装备都会按照他要求的那样准备好，因为他就是这么要求的。

如今这种事是无法想象的，学徒身份已不复存在了，怀着雄心壮志的球场新星不会因为在寒冷的室外为老球员擦干球鞋上的淤泥而把手指冻伤。过去，我被安排去打扫客队更衣室，而球员们总是在更衣室里想待多久就待多久。你只得在门口把脑袋探进去问:“我可以进来了吗? 不然我就要错过回家的列车了。”而他们会说:“快滚开,待一边去! ”每一天都有这样的麻烦事,会有这种琐碎的事需要你去处理。但是,学会解决这些事情使你头脑更加机警,思维更加敏锐。

最糟糕的任务之一是打扫卫生间,我们会尽可能做任何事情来逃避这个差事。所以我们常常加练,这样如果有人找你去打扫,你就可以说:“不行,我正在加练呢。”我就像《摇滚与薯片》(*Rock and Chips*)里的男孩德尔(Del Boy)那样,想方设法地用足球来摆脱那些糟糕的工作。兰帕德和乔·基思(Joe Keith)为了摆脱这脏兮兮的活儿,就常常在一块儿踢球。当青年队的教练托尼·卡尔(Tony Carr)让我们去拖地时,我们会说:“好啊,但如果周六我们的射门和传球都一团糟,就都是你的错。”

过去,我们需要竭力为自己争取的特权,现在年轻球员自然而然地就能得到。我认为这样也有它不好的一面。

举个例子来说,在过去,任何年轻球员都不能踏入一线队的更衣室一步,要想走进那间更衣室,你必须完全证明自己的实力。如今这样的规矩不复存在了,阿德南·贾努扎伊(Adnan Januzaj)从他到来的第一天开始就可以随意进出曼联的更衣室,仿佛一切都是理所当然的,对他而言可能确实如此。这不是他的错,他并不知道球员漫长的职业生涯会分为很多个阶段。过去,我们需要顺着梯子一点一点向上爬,但如今社会的大环境已经改变了。我同朴智星(Ji-Sung Park)聊起在韩国年轻球员的生活,“年轻的球员不能开饭,除非等到老球员开始吃饭。”他说,“在老球员进来之前,他们甚至都不允许坐下。”我当时的反应是:“这才对嘛! ”但是在这里,事情完全朝着另一个方向发展。

在曼联,有件小事相当能说明问题,这是关于我们的健身单车的一个小故事。在正式训练前,会有一排单车供全队热身使用。不过大家都知道每个一线队队员都有一辆固定的单车,他们通常都会坐在那辆车上。有一次,我们开了个会后,一块儿走向那排单车,一个年轻球员正坐在胡安·马塔(Juan

Mata）的单车上。“嘿，这是胡安的单车。”

那个年轻球员朝另一个年轻球员望了望，仿佛在说：“我又没动这辆车。”

我不知道这是不是什么善意的玩笑，但要是回到我年轻的时候，他肯定会立刻被赏一记耳光。“你在干什么？”然后就是一声脆响，“立刻给我滚下来！”不过，你现在要是这么做，肯定会被媒体发现，你的名字可能会上报纸头条。有人悄悄地告诉那个年轻人：“下次看到有一队的球员过来，你就赶紧下车，明白了吗？”

上赛季我听说曼联有个年轻球员在主教练面前痛哭流涕，我问他是怎么回事。“我以为我今天能上场。”他解释道。我提醒他，他已经19岁了，不要再像个婴儿一样哭泣。没被选中上场，你感到很愤怒，这情有可原。但在主教练面前哭诉自己不能出场？这简直是疯了。

当然，很多孩子都会经历过稚嫩期，然后走向成功。但是有的孩子需要脚踏实地，虚心求教，让自己的品格更加坚韧。这对他们的未来有好处，可以让他们更好地应对职业生涯中发生的各种情况。他们也许不能在曼联取得成功，也许会回到伯恩茅斯（Bournemouth）、约维尔（Yeovil）或是卡莱尔联（Carlisle）。在曼联，如果你不够强硬，你会被人生吞活剥的，因为那里的球员都在为自己的生计奋战，他们在为生活而挣扎，这是一种截然不同的环境。

此外就是关于金钱的问题。很多年轻球员在证明自己的实力前就挣得了大把钞票，有的球员获得的薪水太高，以至于他们误认为自己已经取得成功了，而事实上他们还在训练场上挣扎。很多年轻球员满脑子想的都是挣大钱，这对我而言是难以想象的。对我来说，比赛始终就是为了荣誉，是为了胜利，是为了作为一名球员能获得的成就感。在大多数领域里，如果你取得了成功，那你也会变得富有，但那也只是成功的附带产品。对我而言，钱从来都不是我需要担忧的事。

当我还是个孩子时，有时我会和爸爸一起去看女王公园巡游者（QPR）的比赛，我总要求早一点到球场，为什么呢？因为我想看球员们赛前的热身。那些热身对我来说比正式的比赛还要重要，因为我可以看到雷·威尔金斯（Ray Wilkins）练习长传，他的击球十分美妙。我看过之后就想："我传球时，足球不会发出那样的声音。"于是回家后，我就会反复练习，希望我踢出的球也会发出雷·威尔金斯的那种声音。但是我始终做不到，于是更多的问题接踵而至——他的击球方式和我不一样吗？我用的球有问题吗？是因为我的球鞋不是袋鼠皮的吗？而现在，孩子们在比赛中看到了一位出色球员的表现，当他们回家后，他们有了不同的疑问。

"他开的是什么车？"

"是什么颜色的？"

"是法拉利吗？"

第二章　关于防守

* * *

他能嗅到一种危险

而我能嗅到另一种危险

当我在西汉姆联踢球时，有一天，我们的中后卫无法出场。教练对我说："这周你可以去踢那个位置吗？"当时我才 15 岁，在场上的位置是中场，不过我还是照着他的吩咐去踢了。我一定踢得很棒，因为在比赛之后他说："听好了，我要求你下周继续踢那个位置。"我并不感到高兴，事实上，每次他要求我去踢中卫，我都会生闷气。没过多久，我就被固定在中后卫位置上了。我想我天生就是个优秀的防守者，但防守不能让我感到享受。我喜欢的是在场上盘带、传球、射门和得分。但现在我被拘束在靠后的位置上，所要做的就是奋力拼抢下球权，然后把球交给其他人去完成我做梦都想干的事。

赛后，不论输赢，我都会有一种奇怪的失落感。我心想："没错，我们赢了，但我没有任何发挥。"我做的不过是阻止对手得分罢了，这有什么乐趣呢？这种感觉持续了好几年。实际上，在我职业生涯初期，阻挡对手的射门，或是破坏对手得分的机会都不曾给我带来一丝兴奋和喜悦。我更喜欢展现我脚下的技术，或是传出一个好球，或是带球向前飞奔。不过我不得不承认，我喜欢同对手的前锋较量，并且用速度击败他们的感觉。但是，我对防守的艺术不感兴趣。即便在为英格兰队出场时，我也不曾真正享受防守的过程。而当我在场上发挥了我的才华，哪怕球队输球了，我也不会太沮丧。我会回到家里打开电视，和伙伴们一起收看《每日比赛》（*Match of the Day*），然后说："你们看到我的那个动作了吗？"如果我能在阿兰·希勒（Alan Shearer）面前秀一下我的技术，就会感到很骄傲，丝毫不觉得如果我失误了，他就会得分或者过掉我。

直到我到利兹联（Leeds）后，我的比赛态度才开始发生变化，我的心态更加成熟，在球场上的表现也有了实质性的进步。我必须要感谢利兹联的主教练大卫·奥利莱（David O'Leary）对我的提点。当我决定离开西汉姆联时，切尔西（Chelsea）对我抛出了橄榄枝，但我明白我需要离开伦敦，因为我需要远离聚光灯以及各种去夜店的邀请——这种邀请是很难拒绝的。当我同利兹联的主席彼得·里兹代尔（Peter Ridsdale）会面时，他提到了薪资的问题，但我对此毫不在意。我就坐在那里想，金钱对我来说不重要，我相信我获得的薪水绝对够花了。我唯一关心的问题是大卫·奥利莱能否让我成为更优秀的球员。我说："里兹代尔先生，我对您没有不敬的意思，但我更希望同主教练谈一谈。"于是我获得了同主教练交流的机会。我询问了他的想法，比如他看重我的什么特质，我可以在哪些地方提高，等等。他的每一个回答都是我所希望听到的，他允诺会让我成为更好的球员。他当时说："我希望你更加勤奋地训练，我给你的任务绝不会轻松。在每次训练后你都得加练，你的头球需要提高，你的专注度需要提升，你对待比赛的方式也需要改变。"

在足总杯对阵加的夫城的比赛中，我一开场就受伤了，而这也成为我职业生涯里一个关键的转折点。在和对手的一名球员争抢时，我扭到了脚踝。事实上，这次受伤在比赛开始之前就已经酿成。几个球员把保罗·罗宾逊（Paul Robinson）的鞋子弄坏了，然后在那儿胡闹。这只是个很傻的玩笑，而我们在更衣室里乐不可支。当我在场上受伤后，主教练告诉我，一切都是咎由自取。他说："你之所以受伤，是因为你之前在更衣室里胡闹。"他解释说，在比赛之前我必须摆正心态，做好准备，全神贯注，而且要充分尊重我的对手。他还说我的注意力不可能随叫随到，所以在比赛之前，我必须做很长时间的准备。这次谈话令我豁然开朗。

我始终期待同最优秀的球员对位，当我面对迈克尔·欧文（Michael Owen）时，我会想："让我们看看他到底有多快吧，我等不及要和他一较高下了。"我想要经受住迪昂·达布林（Dion Dublin）、莱斯·费迪南德（Les Ferdinand）或是邓肯·弗格森（Duncan Ferguson）的考验，他们都是空霸型球员，于是我会兴奋地投入到比赛中。比赛越重要，对手的名声越响亮，我对比赛的热情就越高。

在日本静冈踢完同巴西队的世界杯 1/4 决赛后，我发现我还有许多需要学习的地方。其中一点是，我在比赛中的情绪有些激动过头了。巴西队可以说是除了英格兰队以外我最支持的球队，我热爱他们的比赛。因此，代表英格兰队同里瓦尔多（Rivaldo）、罗纳尔多（Ronaldo）等世界上最好的球员较量，一直都是我的梦想。此外，我的所有好朋友和家人都在现场。我仿佛能听到妈妈在高喊"里奥，里奥"，我也知道我的爸爸和兄弟姐妹，还有我的女友丽贝卡都在球场里……这一切对于我而言似乎有些难以招架。当国歌奏响时，我胸中的情感开始奔腾。等到比赛开始，我已经进入了头脑发热的状态，这导致我在场上形同梦游。我本应全神贯注，掌控比赛，却事与愿违。

这是非常重要的一课。自那以后我下定决心不再让这种情况发生——不要在比赛中带入个人情感，不要在比赛的氛围中迷失自己，那会使你游离于比赛之外，你所要做的就是排除外界的干扰。当你听到球迷的呼喊时，你就得想"哇噢，我没有投入到比赛中，我的心态没有摆正"，然后千方百计地集中注意力。当然，有的时候单凭意念你无法进入状态，但比赛本身能助你一臂之力。高强度的比赛会迫使你专注于眼前，又或者同某个对手的对抗会将你带入状态，你自己也可以慢慢调整心态。

同巴西队的比赛还令我学到了另外一课。比赛中，里瓦尔多和罗纳尔多一次天才的惊艳的配合看得我目瞪口呆。现在，你仍可以在 YouTube 上看到这段视频。罗纳尔多从左路内切到禁区边缘，将球传给里瓦尔多，然后向球门跑位尝试做一次二过一配合。自然而然地，我转过身，埋头朝球门方向冲刺，我觉得这将是我和罗纳尔多之间速度的较量。但是，他彻底骗过了我，他刚要起速时就立马停住，回身接到里瓦尔多的传球。我还在像白痴一样朝球门奔跑，而他已经后撤为自己赢得空间，完成了一次无人看防的射门。我心想："真是见鬼了，这种配合我从没见过！"这时我意识到，如果我想成为一名世界级的防守者，我还有很多事要做。不过我很喜欢那次配合，因为它向我展示了什么是更高层次的足球，也让我明白我所做的还远远不够。每次失败后，我都会学到更多，这可以说是我个人的一大特点。一丁点儿成就后产生的小富即安心理会使我感到紧张，因为一旦就此满足，我就无法脚踏实地地训练，对自己的要求也会降低，成功也会化为泡影。

我需要不断学习和进步。我记得我在西汉姆联时的预备队教练弗兰克·伯罗斯（Frank Burrows）常告诫我，在比赛中要同我身前的队友进行交流："你需要同他们交流，在防守中指挥他们，让你在场上好过一些。"在一定程度上我理解他表达的意思，但身为一名年轻球员，我没办法照做，我从不觉得自己是一名单纯的防守球员。如果我们比分落后，我就会被推到前场去争取得分。我的血管里仍流淌着进攻的血液。更关键的是，在那个年纪，我在场上的注意力还不够集中，对该在什么时候、什么地点或是怎样给队友指示毫无头绪。

在利兹联时我的表现突飞猛进，因为我有机会同更好的球员并肩作战，而且我远离了伦敦，有时间对比赛进行更多更深层次的思考。但是直到世界杯之后，不知怎的，我感到一切都豁然开朗了。忽然之间，我懂得了如何在场上同队友沟通，尽管我对这种顿悟发生的原因毫无头绪。指挥队友是一项关键的任务，我必须保证每一步都能到位。从那时起，我开始自觉地同队友交流，指挥他们在场上移动。之后在曼联队中，尼基·巴特（Nicky Butt）甚至抱怨："该死的，我在场上就只能听到你冲我喊：'向左！向右！向左！向右！'"当然，他只是在开玩笑。像尼基还有欧文·哈格里夫斯（Owen Hargreaves）都告诉我我的喊话使他们在场上更加轻松，他们不再需要时刻注意对方球员的动向，因为我会告诉他们该去盯防谁，什么时候上前阻拦传球。队友们开始对我报以信任，我的自信心也得到了提升。自那以后，朝队友喊话和组织防守就成了我在比赛中重要的一环。不论是保罗·斯科尔斯（Paul Scholes）、迈克尔·卡里克，还是吉格斯（Giggsy）或是达伦·弗莱彻（Darren Fletcher），任何在阵型里位于我身前的球员都可以告诉你，在训练和比赛中他们都能听到我在尖叫和呐喊。当然了，在球场上帮助他们的同时也能提升我自己的水平。

当我从利兹联来到曼联时，我花了一段时间去适应这支球队，第一堂训练课往往是最令人焦虑的。最使人神经紧张的并不是在球场里面对着几万人踢球，而是你来到训练场地第一次同新队友一块儿训练。你想要赢得他们的尊重，表明你有实力在这里立足。一开始，我犯了个错误，我在场上踢得过于谨慎，一心只想不犯错。一次训练中，我朝加里·内维尔（Gary Neville）传了一记非常简单的横传球，罗伊·基恩（Roy Keane）就把我骂了一顿，他说："听好了，不要踢得这么保守，把球向前传，你现在不在西汉姆联或是利兹联了，把球朝前面传！"我的第一反应是："他为什么要责难我？我只不过把球传给了队友，又没有丢失球权。"但是仔细一想，他是对的：我们在这里踢球是为了胜利，而不是为了应付比赛。如果你想赢球，那就得冒点风险。

还有很多类似的事情需要我去努力适应，因为我必须达到像他们那样高的水平。一直以来，我都在催促自己一路向前，继续进步，不断成长，考验自己，倾尽全力。有的人会退缩，但我总是勇于迎接挑战，所以一定程度上，这样的环境对于我正合适，那支球队强劲的实力督促着我进步。在训练中，我要面对鲁德·范尼斯特鲁伊（Ruud van Nistelrooy）、路易斯·萨哈（Louis Saha）、奥勒·居纳尔·索尔斯克亚（Ole Gunnar Solskjaer）、瑞恩·吉格斯（Ryan Giggs）和大卫·贝克汉姆（David Beckham）。后来我又得面对鲁尼（Rooney）和克里斯蒂亚诺·罗纳尔多（Cristiano Ronaldo）。当你和这些球员在一支球队，你要么沉沦，要么不断提高自己。我的职业精神要求我不断向上攀登，因为我不想有在场上被羞辱的那一天。因此，我的夜店生活走到了尽头。我仍然会外出找乐子，但不要错误领会我的意思，我只在合适的时候出门。

同时，大卫·詹姆斯向我介绍了一位优秀的体育心理学家基思·鲍尔（Keith Power）。我大约只去过他那儿十来次，但他改变了我应对比赛的方法。他教给我一个很重要的方法，那就是去想象比赛。在一场比赛开始之前好几天，我就在脑子里开始准备了。我可以想象我在比赛中的第一次争顶、第一次铲断、第一脚传球或是第一次同对手在边路比拼速度。而当这些事情在比赛中真正发生时，我早就在脑子里预想了画面，也清楚地知道该如何应对。在比赛日的早上我会再次想象比赛的场景，这个方法非常管用。比如，我可以想象我在球场上对位劳尔（Raul），他的惯用脚是左脚，我也知道他喜欢用左脚带球进行内切。于是，我脑子里就想象着他拿球转身，用左脚射门，然后我上前封堵了他的射门。或者，我可以想象我在场上第一次同凯文·戴维斯（Kevin Davis）争头球，然后我赢得了这次争顶。

但是，我进步的最主要原因还是由于每一天我都在迎接一群极为出色的球员的考验。路易斯·萨哈是最难对付的球员之一，他充满侵略性，双脚都有射门能力，而且速度比任何人都要快。他的反向跑位使他更加难以防守——他的跑位十分飘忽，不经意间就溜到你的身后。而斯科尔斯每次都能发现他的动向，然后传出精确制导般的传球。这实在太难对付了，路易斯是位极出色的球员，我坚信，如果他没有那么多伤病，他会成为最顶级的球星。每堂训练课都使我受益颇多，训练的强度总是高过我之前所在的俱乐部。而且，每个人都有强烈的求胜欲。在训练中，你一定要竭力赢下每次一对一，因为每个人都有极强的自尊心。当你来到卡灵顿，你就能听到球员之间的闲聊。如果有人被穿裆过人了，就会成为大家的笑柄。因此，我们在场上总有一个奋斗的目标——不成为被大家嘲笑的那个人。球员之间互相驱使着对方进步，而当我们有所懈怠时，亚历克斯·弗格森或是卡洛斯·奎罗斯（Carlos Queiroz）就会介入。有一次，我们在进行各自位置的训练，但训练明显没有达到应有的强度，于是卡洛斯叫停了训练，严厉地对我们说："如果你们不想训练的话，就待在屋子里，别弄出什么动静来。"有的时候我们不怎么喜欢他，因为他让我们紧张不安，训练也相当枯燥乏味，但他离开后我们又十分怀念他。他是我合作过的最好的教练之一，因为他很清楚他希望我们在场上以何种方式比赛。

我以前在西汉姆联踢球时，总是比任何与我对位的前锋都更快。因此，当对手获得球权，或者对手的中场或是前锋在冲刺时，我就爱对自己说："我先让他一段距离，再跟他较量一番，用速度吃定他，赢得大家的喝彩。"但后来，我不得不改变习惯，因为来球速度更快了，对手会更敏锐地察觉球场上稍纵即逝的空间，更快地抬头观察，更迅速地出球。更关键的是，当他们进入射程时，不需要做过多的调整，只需要一次触球，然后就——砰！一击致命。你没有时间去补救了。因此，我学会了新的站位，更加靠近球门。我不能依赖我的速度去防守，因为在更高水平的比赛中，这会被对手抓住破绽。

不论你在职业生涯的哪个阶段，你都得坚持学习，继续进步，不断解决新的问题。当还是个孩子的我在西汉姆联踢球时，总是会面对同一个类型的前锋，而当我升入一线队后，遇到的对手更高更壮。像马克·休斯①和莱斯·费迪南德这种球员可以轻松过掉你，他们会运用身体碾过你，然后直接面对球门，而你已经被弹到地上。所以，我必须要学会阅读比赛，应对这种情况。有时，当球传过来时，我会碰一下对手身体的一侧，对手就会认为我的重心就在那一侧，于是他们会朝另一侧转身，这时我正等着他们呢。在比赛中，

① 马克·休斯（Mark Hughes），已退役的威尔士足球运动员，司职前锋，曾效力于曼联、埃弗顿、布莱克本。

你会逐渐练就这种小技巧。尼尔·鲁多克（Neil Ruddock）曾对我说："比赛中第一次争顶时，对面一起球，你就从后面给对手来一下。"有时当球在空中时，裁判还在盯着球，我就起跳，从对手身后撞一下他，很多时候，在比赛接下来的时间里，对手的前锋就再也不敢靠近你了。有时当你陷入一场苦战时，你就会做点类似的事——你会在场上要点小聪明，暗自祈祷裁判没有注意到。而对手的前锋会意识到你不是来闹着玩的，一切都是真刀真枪。但是，我并不喜欢和对手硬碰硬，也不喜欢足球总是飞在空中的比赛。我靠的是在场上踢得聪明一点儿，用与众不同的方式赢得上风。

我同许多优秀的球员合作过，但不得不说，我最好的后防搭档是内曼亚·维迪奇（Nemanja Vidic）。我们能够精诚合作的很重要的一点原因是，我和他都有强烈的竞争意识，都决心成为最佳，我们有着许多共同的观点和理想。刚来到曼联时，他度过了一段艰难的时光。他在冬窗转会期到来，当时人们都在说："这人是谁？他没有做好为曼联踢球的准备。"在他到来的第一年以及接下来的赛季，他都有很多需要证明自己的地方。从俄罗斯的联赛来到曼联，同鲁尼、萨哈以及范尼斯特鲁伊这些球员一起训练，无疑是他职业生涯的一大步。他的身体还没有做好准备，而且他对英超还很陌生。一开始，他的身材达不到比赛的要求，但他成了健身房的常客，练出了一身肌肉；他还不断观看比赛，刻苦练习，最终成为我们熟知的铁卫。他的坚韧强硬一以贯之，并且他琢磨透了如何在英超踢球。一些在英超赛场被允许的铲球和拼抢，在其他赛场就会被认为是犯规，他需要一些时间去理解这一点，掌握好尺度。

作为搭档，我和他是完美互补的。但是，我很难解释为何我俩如此合拍，这似乎是出于我们在球场上的本能。后卫需要有嗅到危险的能力，他能嗅到某一种特定的危险，而我能嗅到另一种危险，于是我们的球场本能就是互补的。不知为何，我总知道他将要做什么，他也能预想到我的动作，我们就这么完美契合。球场上很多关系是很好解释的，你可以详细地描述出来，但还有一些关系并非如此。而我同维迪奇的合作则是浑然天成的。

防守中很大一部分都是一对一的防守，而另外一部分是感知身边阵型的变化并做好预判。如果球场上你的 11 名队员都能赢得一对一，你就有机会获得胜利，但你必须做出正确的布置，为队员创造赢得一对一的条件。因此，二者缺一不可。我曾觉得，只要我能搞定对手的两个前锋，或是对手的前锋和他身后的 10 号球员，只要他们觉得我太过强壮、迅速和聪明，而且我的状态太好，我们就有机会拿下比赛。这就是我和维迪奇之间常说的："如果我们做好本职工作不丢球，我们就能赢得比赛。"

第三章　对胜利的不懈追求

* * *

赢

再赢

继续赢

一直赢下去

本・福斯特（Ben Foster）离开曼联一段时间后，在接受采访时称自己无法理解这支俱乐部或是这些球员。我们战胜热刺（Spurs）赢得联赛杯（Carling Cup）后发生的事令他感到困扰。那天本出场比赛，表现优异，在我们通过点球大战获胜后还被评为全场最佳球员。但是，我们根本就没怎么庆祝，本原打算好好庆祝一番，结果也不曾尽兴，我们的注意力瞬间就转移到下一场重要的比赛上了。在联赛中，我们要和纽卡斯尔（Newcastle）进行较量，随后在欧冠（Champions League）中要和国际米兰（Inter）进行第二回合的比赛。所以呢，我们赢得了冠军，这很棒，我们也在球场上合影留念，但回到更衣室后，我们表现得仿佛这场比赛再普通不过了。我们想的是："下一个对手是谁？"那个奖杯会被放在某个角落里，没人会在意它的存在，但本对此似乎感到很沮丧。现在回想起来，这确实是他职业生涯里无比重要的一天，但这个辉煌时刻就这么溜走了。

回顾过往，我有一点儿理解本的感受，因为现在我意识到过去我们从未为任何一个奖杯进行太多庆祝。如果当时你问我是怎么想的，我会说，福斯特应该感到"我还要在这里待 5 年，我还要拿下一大堆冠军，等我退役了我自然可以好好享受"。但现在我的想法是："我更愿意多花一点儿时间去享受那一刻。"但从另一个方面看，也许这种从不自满的心态正是我们胜利的秘诀之一。就当时而论，一个联赛杯并不能让我们满足。我们想要赢得英超（Premier League）冠军和欧冠联赛冠军，赢得所有的冠军，我们的心态一向都是这样。我们的训练也是奔着这个目标去的，所以训练的强度一直很高。我们孜孜不倦，坚持不懈，争取赢下每场比赛，从不骄傲自满。

我认为，很关键的一点在于，我们从不沾沾自喜。我们获得的大部分赞扬来自于主教练，队员之间也会互相夸奖。

我们已经获得了多少个奖杯和冠军？根本数不清。我们进行过多少次游街庆祝？我只记得弗格森的最后一个赛季获得联赛冠军后的游行。那次我比以往任何时候都更珍惜庆祝的滋味，因为那个赛季我战胜了伤病的困扰，而且我很清楚此后我大概不会有太多这样的机会了，于是好好享受了一番。但在那次之前，我们从未念叨过我们已经取得的成绩，也不曾纵情庆祝。当我们赢得联赛冠军后会立即想：好的，朝下一个冠军努力吧。下一个赛季我们会怎样？我憧憬着在下一年卫冕成功。

这在其他俱乐部可行不通。伯恩利在英冠联赛（Championship）中取得第二名，升入英超，他们是怎么做的？他们乘坐敞篷大巴游行庆祝，一路开到了市政厅。阿森纳击败了赫尔城，获得了足总杯冠军——这是他们时隔 9 年后的第一个奖杯。他们是怎么做的？乘坐敞篷大巴巡游庆祝。曼城（Manchester City）获得了联赛冠军——依然是乘坐敞篷大巴的巡游庆祝。

在我 12 年的曼联生涯中，这不是我们会做的事，似乎赢得联赛冠军不值得一提。没错，我们赢得了联赛冠军，我们一向都是赢家，这再正常不过了。“但是我们难道不该游行庆祝一下吗？”

“不用了，我们不会这么做。这可要花费超过 10 万英镑，而且我们明年还不是得再来一次。”

这似乎就是这家俱乐部的态度。我们本应好好享受我们取得的成绩，但我们从未这样做，我们所做的就是不断赢得比赛。

我记得我们在莫斯科赢得欧冠冠军，返回英国时，只有几百个球迷在机场等着我们。我们走下飞机，和球迷们合影，我们的态度基本是：“拜拜啦，回头见，季前赛再见。”一切到此为止，根本不会有什么敞篷大巴巡游。如果另外一家俱乐部刚刚赢得了英超冠军和欧冠冠军，他们最起码也得租辆大巴啊！大部分城市都会全城放假庆祝个一两天！

当其他球队进行庆祝时，我才开始发觉我们和他们的区别。当切尔西获得联赛冠军时，我心想，真是见了鬼了，看看人家这样多棒啊！我心里有些嫉妒。曼城和切尔西进行敞篷大巴的游行庆祝时，我又想，他们凭什么觉得他们有资格这么做？赢得冠军的时刻是非同寻常的，这种感觉不会长时间存在，我们应当做点事情去纪念这一刻。

但是，这正是弗格森长久以来在这支球队灌输的赢家心态中必不可少的一部分。我记得罗宾·范佩西（Robin van Persie）就非常热爱这种氛围，他告诉我在阿森纳，球员想赢球，但是在曼联，我们必须赢球，这两种心态之间有鸿沟般的差别。当我刚来到这里时，我也爱上了这种氛围。拥有身为曼联球员所需要的心态大有益处，因为我自身本来就抱着类似的态度，但过去我没有机会在一支有能力不断赢球的球队踢球。有时候人们会误解我在场上的情绪，我从不会在场上流露一点儿情感，只有当我们赢得比赛后，你才会看到我的情感迸发出来，我既感到解脱，又为胜利而喜悦；你还可以看到我放声大喊，挥舞着我的拳头。我并没有对胜利感到满足，更多的是感到如释重负。然后，我就得着手准备下一场比赛了。

在我成长的过程中，我的父母将他们信奉的职业道德深深地印在我的脑中。爸爸工作勤劳，每个周六晚上和周日一整天都要加班，而妈妈终日忙于替别人家照看小孩。但是，我不大清楚我“永远要做最好的”这个想法从何而来，这不仅限于足球场上，我想在每一件事上都尽我所能做到最好。过去，我们常常在学校赛跑，我发现每次总有跑得很快的人找借口说“算了，今天我不想跑步”。我现在认识到这些人根本没有竞争力，他们也永远成不了运动员。而当我面对一场赛跑时，即便我觉得我无法赢得比赛，也总想看看自己能不能有进步，能不能跑得更快，拉近和前面的人的距离。我原来经常只穿着袜子跑，因为我觉得这样跑得更快。妈妈看到袜子上的洞就会说：“怎么回事？袜子穿成这样你也不在意。”我的反应大概是：“是的，妈妈，但我跑得更快了啊。”我始终都有这样一种劲头，加上我总是和比我年长的孩子踢球，所以我需要格外努力。

我还记得上学时发生的一件事，当时我们在警察局旁的球场踢五人制足球赛，我们的门将表现惨不忍睹——其实他根本不是我们的门将，我们队的门将那天没来，于是我们找了个小孩顶替上场。他被打进了一个关键的球，而这就意味着我们输掉了一场小组赛。我记得我当时气得快要发疯了，把他大骂了一顿，“你是干什么吃的？”我怒斥道，“你一个球都扑不到，简直难以置信。你就是个垃圾！如果你踢不好的话就滚蛋，下次换别人来守门。”他开始大哭。

我说：“你哭什么？这么孩子气，你就是个小屁孩。”爸爸走过来说：“里奥，你在干吗？快镇静下来。”

平心而论，我很享受在西汉姆联和利兹联的时光，但那时候我与胜利无缘。当我来到曼联之后，立即拥有了比赛赢家的心态：在每一场胜利后就着眼于下一场，直到最后一关——赢得奖杯。这时候，你开始享受比赛的乐趣。不过，不断胜利的过程就如同一项严格的工作，你的注意力需要全部集中在足球上，不能好高骛远，也不能停留在过去。如果你不能变得凶狠起来，不能一门心思扑在比赛上，不能不计一切代价追求胜利，那你就不具有曼联球员的特质，曼联也不会是适合你的地方。

有一点令我困惑，那就是这支球队在 2008 年时达到巅峰，却没能从世人那儿获得它应得的认可。从数据而论，那段时间是这支俱乐部历史上最成功的时期。我们在四年内三次闯入欧冠决赛，在联赛中夺下三连冠，而且我们本应完成四连冠的，这绝对是一项不容忽视的纪录。我记得不久以前我同几个伙伴聊到这段岁月，我们达成了共识，那就是我们没能因为我们在那八九年的时间里获得的成就而得到应有的赞赏。我相信，总有一天，人们回顾这支球队时会承认："那支曼联真是厉害啊。"

实际上，我曾身处于三支不同的曼联队中。第一支球队的核心球员有范尼斯特鲁伊、贝隆（Veron）、贝克汉姆、尼基·巴特、罗伊·基恩和吉格斯。之后阵容逐渐发生变化，我们进入了一段过渡期，在几年的时间里都无法在联赛中夺魁。后来，他们中除了吉格斯以外的人都离开了，我们成为一支崭新的球队，队中有维迪奇、埃弗拉（Evra）、鲁尼、罗纳尔多以及特维斯（Tevez），我们重新开启了胜利模式，卡里克、弗莱彻和奥谢（O'Shea）是这支球队的重要补充。再后来就是我离开时的那支曼联，球队里有纳尼（Nani）、丹尼·维尔贝克（Danny Welbeck）、汤姆·克莱维利（Tom Cleverley）、阿什利·杨（Ashley Young）以及香川真司（Kagawa）和"小豌豆"哈维尔·埃尔南德斯（Chicarito），最后罗宾·范佩西的加入帮助我们重夺联赛冠军。

如果让 2008 年的曼联同历史上任何一支曼联进行角逐，我很肯定我们能赢下每一场。我们的运动能力远远胜过其他球队，更何况我们还有罗纳尔多，他的魔力令我们所向披靡。1999 年获得三冠王的那支球队很出色，但他们没有罗纳尔多这种能一锤定音改变比赛的球员。再看看我们的阵容吧，在前场我们有罗纳尔多和鲁尼，还有卡洛斯·特维斯为他们输送炮弹，这可不赖吧？在中场我们有卡里克、斯科尔斯和欧文·哈格里夫斯，加上不知疲倦地奔跑着的朴智星，还有来则能战的纳尼，后防线上我们人才济济，右后卫位置上有加里·内维尔和韦斯·布朗（Wes Brown），中后卫有我和维迪奇坐镇，帕特里斯·埃弗拉（Patrice Evra）在左后卫位置上坚如磐石，伟大的埃德温·范德萨（Edwin van der Sar）在门前一夫当关。我不在意别人的评价，在我眼中，这支球队就是无法战胜的。

我没有机会见识到1968年那支曼联的风采，更不用提在那之前的曼联了，但我认为我们在任何一方面都比20世纪80年代的曼联强。年长一点儿的球迷会支持过去的那些伟大球队，但我们能给任何球队制造麻烦，这不仅是针对当年的曼联，这话对其他球队也成立。我相信我们的速度会令20世纪七八十年代那支出色的利物浦（Liverpool）难以招架，我们的火力也强过2004年那支堪称队史最佳的“不败之师”阿森纳。不过同阿森纳的比赛会是无比艰难的，因为他们身体强壮，风格强硬，速度飞快，而且懂得用脑子踢球，更何况他们还拥有能够化腐朽为神奇的蒂埃里·亨利（Thierry Henry）。

此外，还有哪支英格兰球队比我们更懂得如何去赢得比赛吗？我是幸运的，因为我能同如此优秀的一班球员共事，从他们身上获益良多。他们懂得赢得联赛冠军需要什么，明白如何保证在面对博尔顿（Bolton）和南安普顿（Southampton）之类的球队时不丢分。像基恩、贝克汉姆、吉格斯、斯科尔斯还有加里·内维尔这样的球员从来不知怯场为何物，他们在重要比赛来临时不紧不慢，再大的场面在他们眼中也只不过是一场普通的比赛。面对比赛，他们沉着冷静，云淡风轻，但思想全神贯注，头脑清醒，无论什么时候，他们的赛前准备都是有条不紊的。他们不会受到紧张的神经或者场边的喧嚣的干扰，更不会因为媒体赛前的宣传和球迷们激动的情绪而失去对自己情绪的控制，从不去想“为了赢得联赛冠军，我们一定得拿下这场比赛”——只需要走上球场，拿下3分，如同例行公事一般。

2014年，利物浦本可以赢得联赛冠军，但他们崩盘了，这就是一个无法以平常心应对比赛的最好例子。你不能责备他们在希尔斯堡（Hillsborough）惨案纪念日期间变得过于情绪化。这是一家充满激情的俱乐部，有着全世界最狂热的球迷群体。我非常能够理解他们，因为曼联也曾遭受过慕尼黑（Munich）空难的打击，曼联的球迷也同样无比狂热。但是，我们都看到了在希尔斯堡惨案25周年纪念日后发生了什么，利物浦的球员似乎被上涌的激情冲昏了头脑，他们开始把每场比赛都当作一场不寻常的比赛来对待，似乎每场比赛都是他们职业生涯里最关键的一场，每场比赛都是“创造历史”的机会。于是，他们不再像往常一样踢球，最终输掉了那些他们在通常情况下不会输的比赛。在那场著名的同水晶宫（Crystal Palace）的比赛中，他们在3：0领先的情况下连丢三球被扳成3：3平。你能看到他们在场上变得焦躁不安，对局面失去了控制。当水晶宫打入一粒进球时，利物浦球员积极的心态瞬间消失得无影无踪，如同遭遇了一场雪崩一般。球员之间茫然对视，似乎在说：“我们该做什么？接下来怎么办？”

你需要明白如何赢得比赛，更需要明白如何保持赢球的步伐。

让我们回到本·福斯特和那场联赛杯决赛上来。他当时可能在想“来吧，让我们庆祝一下”，但我们却在想：“让我们着手准备下一场吧，这不过是联赛杯，今年我们还要赢得更多……”

赢球，再赢球，就这么赢下去。如果你没有这种心态，那么对不起了，你没有办法在这支球队待上太长时间。本·福斯特不那么走运，他没能在曼联待得长久。有人或许会觉得我们很疯狂，但对我而言，这只是生活的一种方式。

弗格森为一切定了调，我们的态度都是从他身上学来的。当我们在莫斯科击败切尔西赢得欧冠时，我们并没有得偿所愿的感觉，这与马特·巴斯比（Matt Busby）在慕尼黑空难十年后夺得欧冠，为过去十年的卧薪尝胆画上句号不同，也与比尔·香克利（Bill Shankly）在凯尔特人（Celtic）赢得欧冠后走进凯尔特人的更衣室对乔克·斯坦（Jock Stein）说“现在你已成为不朽”不同。在我们举起奖杯大约一小时后，领队对我们说：“好吧，下赛季……我们要确保下赛季我们还能回到这里。”他没有说“好的，任务达成”。我们所想的就是再赢一次，继续赢下去，一直赢下去。

当我在曼联时，我们获得了 6 个联赛冠军。但在我看来，我们可以赢得 8 个或者 9 个的。在 2004 年，我因为药检问题被长时间禁赛，这使球队严重受挫。在我被禁赛前，我们还领先着阿森纳 3 分。如果我能够一整季出战，那么我们就很有机会获得冠军。在 2010 年我们落后切尔西仅仅 1 分，而在赛季结束前几周我们主场对切尔西的比赛中，德罗巴（Drogba）靠一个越位球击败了我们。

而在 2012 年我们因为净胜球之差将冠军拱手让给曼城……到底是怎么一回事？当最后一轮比赛接近尾声时，我们客场面对桑德兰可以拿下 3 分，而曼城在伤停补时阶段还 1：2 落后于女王公园巡游者。冠军似乎唾手可得。比赛还剩几分钟的时间，女王公园巡游者怎么就没能顶住？后来我发现，当时他们的守门员教练凯文·希区柯克（Kevin Hitchcock）在场边高喊："我们安全了！我们安全了！"他的意思是其他比赛已经出结果了，即便他们输球也不会降级。在我看来，那时候他们就缴械投降了，他们不会考虑这场比赛的结果会影响到冠军的归属。我觉得在经受了几乎一整场的压力后他们的反应是再自然不过的了——在最后几分钟他们感到如释重负，在场上也就放松下来。这就是一切发生的原因。

当时，我们在桑德兰的球场上等待着曼城比赛的结果。有一会儿我们在想："他们若想夺冠就得在最后几分钟内进两个球。我们肯定能夺冠。"我在边线高声喊道："比分是多少？比分是多少？"我心想：不管怎么说，曼城都没办法连进两球，我们肯定赢了。突然，桑德兰的球迷开始欢呼。于是我的想法变成了"好吧，他们进了一个，但他们肯定没法再进一个"。可是之后，桑德兰的球迷又开始庆祝，我们互相瞧瞧，心说："他们在耍我们吧？"曼城不可能在一分钟内连进两球的。对这结果我们无能为力，我们浑身麻木地走下球场。我心里只想，该死，到底发生了什么？实在难以置信。我们曾在桑德兰有糟糕的回忆：去年或者是几年以前，客队更衣室的排污管道破裂，天花板塌下来，每个人的衣服都被弄脏了……然后我们又在这里痛失联赛冠军，他们的球迷还为我们的失败欢呼雀跃。

我们的领队作何反应？我记得后来他在更衣室里说：“你们好好记住这一切！你们这些小伙子要一直记住今天……你们要回到这里……要记住你们这么窝囊地丢掉联赛冠军后，这些人是怎么庆祝的……”

我们将一切牢牢记住。第二年我们重振旗鼓，夺回了联赛冠军。

第四章　背部的伤病

* * *

你知道我是在什么时候意识到我的背部需要治疗的吗?

那是在与利物浦的比赛中。

托雷斯予取予求，但此前他从不曾在我这里占到便宜。

那天在禁区里，

他想带球过掉我，

我转过身，

我们开始竞速，

齐头并进。

过去任何时候我都可以抢到球，

任何时候我都可以搞定他。

我记得我们走下球场的情形。

我们好像输掉了比赛，或是打平了。

第二天主教练对我说:“这不是真正的里奥·费迪南德。

任何时候你都能将那个球解围，
你可以在他产生射门的念头前就将球抢过来，
你不会让这种事发生，
你得好好解决你自己的问题，因为你……
你的身体达不到比赛的要求。”

他是对的。
因为那一整周我都错过了训练课，
然后直接上场，
就是这样。
我的身体不在状态，
我的身体达不到比赛的要求，
我的身体绝对没有达到比赛的要求。

在30岁之前我从未有过任何伤病，我的身体无比健壮，每个赛季我都能踢45到50场比赛。在训练中，我只需要走上球场，清除对面的一切来球，不需要任何拉伸热身就能冲顶时速100英里的来球。自孩提时代以来我就一直保持着健康状态，也一直这样踢球。但我记得吉格斯曾对我说：“当你一到30岁，你的身体就开始产生变化，你必须关照好你的身体。”

我心想：“好吧，是这样吗？”这就像你还是一个孩子时大人对你说“享受学校的生活，这将是你人生中最美好的时光”，你只管说“是的是的”来应付，你对这种说法半信半疑。而当我到了30岁，我开始明白吉格斯是对的——身体发生了变化，就如同有人按下了身体衰老的开关。

我开始遭受到一些小伤病，我的腹股沟和腿部肌肉有一些轻微的撕裂，我不知道这些伤病的来由，之后在对阵斯托克城的一场比赛中我出了状况。在那之前我的身体状态不错，比赛之前的那个晚上我一切安好，可就在赛前热身时，我跳了一下——只是简单的一次起跳，热身训练中再普通不过的一个动作，可是当我落地时我感到自己的腰几乎要断了，剧痛袭来——这疼痛到了匪夷所思的地步，而且来去无常，反复折磨着我。我整个人几乎蜷作一团。

这就是我的伤病史的开端。

一切来得太过诡异，我始终不明白为什么我的身体突然就崩溃了，就连队医、背部专家或是理疗师也毫无头绪。我进行了一些恢复训练，它们有时能对我的身体有帮助，但大部分时间我都是一个药罐子。我服用了太多的止痛药和消炎药，以至于我觉得我自己都能开一家药店了。当疼痛难当时，我会弯下腰，背部弯成一个弓形，走路时跟一个老头子一样。

很多时候疼痛令我难以入睡。我甚至觉得我该退役了，也许这伤病会在以后的生活中继续困扰我。

我试过所有的办法：我跑遍了西北部，去过伦敦求医，也曾去往德国求助，还曾寄希望于指压按摩师的技巧。我找到一位我认为非常优秀的指压按摩师，他对我进行了三到四个月的治疗，但是疼痛依然没有消减，于是我只好另访名医。我到德国拜访了大名鼎鼎的穆勒·沃尔法特（Muller Wolfart），他是拜仁慕尼黑（Bayern Munich）和德国国家队的队医，在慕尼黑有自己的私人诊所，我在数月的时间里常常造访那里。他会给我注射一些药物，我的身体会有点好转，但这只是暂时的。当有重大比赛来临时，他可以让我的身体尽快恢复。比如我们刚刚在周六进行了一场联赛中的关键比赛，然后在周中就要进行欧冠的 1/4 决赛或是半决赛，这种时候他会给我很大帮助。

之后我同伦敦的凯文·里德洛（Kevin Lidlow）取得了联系。在我认为我需要进行膝盖手术时，他为我指点迷津。他给我制定了伤病的恢复训练，因此我不必进行手术，这使我意识到他一定医术精湛。凯文非常擅长推拿按摩，他往往只需要几个小时的时间就能让我在短期内感到身体近乎焕然一新。他为很多英格兰的橄榄球球员进行过治疗，受人敬重。

但即便医术高明如他也只能帮助我恢复到一定程度，没有任何治疗方法能够长久地使我的身体好转。

于是我每周过得如同例行公事一般。我在周六的比赛中出场，比赛结束后，我回到家，身体就会无比虚弱。周日一整天我连走路都困难，更别提训练了。我会做一些让身体放松的运动，比如到游泳池里游泳，尝试让自己的背部挺直。如果我服用一些药物，或许就能在周三的比赛中上场；如果我没有服用药物，而我们一直到下周六才有比赛，我就会慢慢等着身体恢复。周四的时候我或许可以进行一些慢跑，周五时我会和球队一块儿训练，到了周六我就又可以上场了。

如此循环往复了几乎 18 个月！医生确认问题出在我的腰部——在我的骶髂关节（SI joint），腰椎 L3 和 L4 区（L3 and L4），但他们没有办法解决这个问题。2009 年到 2010 年那段时间是我身体状况最糟糕的一段时间。

我甚至不能同孩子们一块儿在花园玩耍，这令我非常煎熬。我的儿子问我："爸爸，你能和我们一起在花园踢足球吗？"

"哦，小伙子，我去不了，我暂时没法出门。"

这种感觉糟透了。我甚至不能连续站立超过两三分钟，就连接送孩子上学放学都十分吃力，每次上车后疼痛令我不停地深呼吸。我会在夜里忽然惊醒，满身大汗，暗想：该死，这么下去我就得退役了，我不想一切就这么结束，我不要被伤病击垮。

某些日子里，只有躺在床上才能让我的背部感觉舒服。我下午起床，试着在屋子里四处转转。当孩子们去睡觉了，我就躺在床上看电视。大部分时间里我都躺在床上看体育频道或是真人秀。

我对伤病有着深深的恐惧和焦虑，有时候我甚至希望我的伤病是简单直接的，比如腿部骨折。你很清楚某些伤病的规律：如果你的十字韧带（cruciate）撕裂了，那就需要 6 个月的时间恢复；如果你的腿骨折了，就要花几个月的时间休养；如果是半月板（Meniscus）出问题了，那就大概需要 4 周时间，你心里明白需要等多久就能看到伤病尽头的曙光。但是就我的伤病而言，我很难等到光明，这一点点磨蚀着我的信心。背部的伤病？没人清楚病根在哪里，最顶尖的的专家不清楚，最优秀的理疗师也一头雾水。我心想：如果连他们都不知道，还有谁能知道呢？我的伤病还能好转吗？

对局外人而言，我的挣扎似乎有些难以理解，但你必须知道，在足球界依然盛行着强调男子汉气概的文化。我之前从没有受过伤，所以从未有过这些念头。回想起来，我认为我是在把我的感受投射到别人身上去，我会以别人的角度审视自己，然后说：“真是该死，我猜他肯定可以踢比赛，但他这周就是不愿意上场。这周我们要对阵埃弗顿（Everton），对面有邓肯·弗格森（Duncan Ferguson）那个大块头，他不想和他对位……”在西汉姆联时，我常认为保罗·迪卡尼奥（Paolo di Canio）不愿意在某些特定场次出场。他会在主场比赛中登场，那时候他就是个男子汉，但我心中会认为“他下周不会出场，因为那是对埃弗顿的客场比赛”。有时我的猜想是对的，有时我的想法是错误的，但我的心态不会变：不论怎样，你都要尽可能上场。

现在我发现这种心理实在太奇怪了，我应该更加客观一点儿，伤病是足球运动的一部分——每个人都心知肚明。但我对于伤病感到羞耻，我就像一只老鼠一样走上训练场地，一路都紧挨着墙壁和门走，不想让任何人注意到我，也不想跟任何人有接触。实话实说，我压根也不想参加训练。我会在其他队友都上场训练后来到训练基地，这样就不会有人注意到我了。这种时候你会尴尬不安，心里会想：大伙儿都在互相说笑，但我却没和他们在一起。你会感到自己游离于球队之外，感到孤独和不安。

他们会认为我在偷懒吗？

他们会认为我再也不想上场了吗？

他们会认为我再也回不到从前的状态了吗？

因为这些疑问，所以我不想待在队友的身边。我一直都是更衣室里的风云人物之一，我热情快活，永远嘻嘻哈哈。但伤病使我变得抑郁，即便同理疗师、运动科学家和教练们在一块儿时也是这样。当我不上场踢球时，他们会到训练场边跟我交流，他们的语气低沉，我也会变得阴郁。但当我回到训练中时，气氛变得截然不同。忽然之间，场上会变得喧闹起来，每个队友又回到兴奋的状态："好家伙，我就知道你会回来的！"这种变化几乎是瞬时发生的。当我重新投入训练时，大家都会善意地嘲笑我。我走进场地时，他们就会拿我寻开心："噢！该死的，瞧瞧他那个样子！"或是"里奥没问题了，里奥今天可以训练。"

我并没有向队医或者领队完完全全地描述我遭受的疼痛，因为我只想继续踢下去。我心里只有一个念头："如果我不上场，主教练就会去买别的球员。"从长远看，这对我的伤情并没有什么帮助。我觉得我必须找到一个对策。

别人帮不上忙，但说实话，我自己也帮不了自己。当你遭遇伤病时，你不希望麻烦别人，只想尽快回到球场上。在比赛中，场上形势瞬息万变，球员只顾忙着让自己做好比赛的准备——身体上和精神上——你会变得有一点儿自私。我记得路易斯·萨哈在曼联时遭受着多种伤病的困扰，现在想来，他当时的感觉一定糟糕透顶。每一天你都能看到他，我还记得我问他："怎么样，伙计？伤病恢复得怎么样了？你什么时候复出？"他只回答："哦，我不知道，哥们儿。"然后匆匆走开了。如今我意识到他当时一定在想：我根本不想见到里奥，因为他只会问我的伤病。你以为你是在关心队友，表达你对他的关注，可每个队友都问过他相似的问题，他可能早就不耐烦了。有的时候你只需要给别人多一点儿空间。

英格兰足球界有一种传统的观念，那就是你应该排除万难上场比赛。很多外国球员一旦受伤就会立即停工，不再争取出场的机会。我们往往爱对他们品头论足："瞧瞧那群娘炮，他们只在我们迫切需要他们的重大比赛里上场，在场上他们从来不会冒受伤的风险去做动作。"但他们总是能比我们踢得更长久，因为只要有一点点小问题，他们就会撤下火线，规避遭受更严重伤病的风险。

我们就要愣头青得多。我们个个把自己当成《勇敢的心》(*Brave heart*)里的威廉·华莱士，赌上了自己的尊严。领队问我："你准备好上场比赛了吗？"当我实际上连走路都困难时，我不得不回答："对不起，头儿，我没法上场。"一切再正常不过了，但我会呆坐在原地，追问自己："我刚刚真的是这样说的？"你很清楚自己无法比赛，但心中还是在想：我可以吗？我可以上场踢球吗？噢不！我让教练失望了。

你总是在和自己的思想做斗争。"我是在欺骗教练吗？我在自欺欺人吗？我在欺骗这家俱乐部吗？"有一点是确凿无疑的，那就是，如果你真的出场比赛，你的发挥可能会不尽如人意，然后你将更长时间地远离赛场，这会让俱乐部更加失望。

奇怪的是，弗格森对待伤病的态度格外轻松。球队的阵容十分强大，甚至于有时你的受伤正是他所需要的，因为如果有人伤缺，他就会给别的球员出场机会。除非特别重大的比赛，他认为"我需要他上场"，而这时球员无法出场，他才会表达出自己的失望。但他从不会逼迫你上场，他只会说："有什么情况通知我，周五告诉我能不能出场……或者当天早上再告诉我。"这样他就可以决定下一步棋如何走。

我曾尝试向所有人隐瞒我的伤病的严重程度。队医大概会有点办法，但想想我整天要吃这么多药片——面对现实吧。我没有告诉别人我的背伤状况有多恶劣，如果可以回到过去，我会放弃隐瞒伤情，告诉别人："我需要找到一个法子解决我的背伤。"但我看不到出路。我对自己说："要么我就以这种状态踢下去，要么就立即退役。这背伤太严重了，等我退役后，我甚至可能没法走路。"我曾有过非常压抑沮丧的时刻，心里想的全是"我还能不能再正常踢球？还能不能回到顶级水平？我的孩子们还能有机会看我比赛吗？这一切到底是怎么回事"。这些疑问并不是偶尔冒出来的，它们一直萦绕在我的脑海里。当我开车去往训练场地时，我就会担忧："以后我还有多少次机会参加训练呢？"

而媒体的絮絮叨叨使问题更加棘手："噢，他已经不行了，他的腿已经废了……他就是个玻璃人。"人们在路上遇到我也会问："你什么时候复出？你的身体还好吗？发生了什么？"我根本不想同任何人交谈，因为每个人经过我时都会询问我的伤病情况！事实上后来我也习惯了这一切。人们质疑我，认为我已经成为过去式，但这些反而都成了我的动力，督促我格外努力地争取复出。

另一件困扰着我的事是，我无法想象我的生活里没了足球会是什么样。我无法想象将自己在队内的位置让出，或是让别人有机会替代我。我害怕我再也不能回到球队中，担心不能上场。我更害怕我将不得不放弃每一天所付出的努力，放弃我挚爱的足球。

可是，无数人谈论的都是金钱的问题，人们走到我跟前对我说："噢，不必担心，你照样可以挣着大笔钞票。"有人在社交网络上写道："不用担心，你有什么可在意的？你可有着十多万英镑的周薪。"人们认为金钱就是通往所有幸福的途径，是一切问题的万能钥匙。但是，生命里还有更多比金钱更重要的事。好吧，我明白，这话说起来轻松，但说实在的，一旦你挣到一定数量的金钱时，你唯一考虑的事情就是心中热爱的事业。如果你无法做你真正爱做的事，不管挣了多少钱，你都不会好过。

在这一系列遭遇后，我开始从一个截然不同的角度思考金钱的意义。我心想：如果我受伤了，他们是不是就不用发给我工资了？这个问题令我陷入沉思，我到底该不该拿到这笔薪水呢？

我记得爸爸对我说："你应该看到你对这家俱乐部曾做出的贡献。"朋友们说："你当然该拿那笔钱啊，你帮助他们赢得过荣誉，你是胜利之师的一员，在受伤之前，你也没有错过多少比赛。你没有蒙骗任何人，俱乐部也很清楚。不管怎样，伤病就是足球世界的一部分，俱乐部也能理解这点。"

但我自己并不认可这一点，我感到十分难堪。我认为主教练一定会坐在场边想：活见鬼，我们付给他这么多薪水，可他却只能作壁上观。我看到俱乐部的首席执行官大卫·吉尔（David Gill），我心想：他也一定持有同样的想法。之后我觉得球迷们也一定有相同的想法。我执着地认为人们都对我有看法，这个念头在我脑子里盘旋，挥之不去，虽然人们很可能从没有这样想过。

最后，我总算迎来了转机。

正当我的意志逐渐消沉，感到自己的足球生涯就要走到尽头时，球队的队医麦卡纳利（DrMcAnally）在米尔顿凯恩斯（Milton Keynes）找到了一家名叫“黑莓”的诊所（Blackberry Clinic）。这家诊所精于扫描，他们可以对我正在活动的背部进行扫描，查看它的状况。他们会在我背部发出疼痛的那一小片区域注射一些药物，然后用扫描仪器检测背部在压力下活动的情况。他们找到了我腰部格外脆弱的那几条韧带，确定了那里就是所有伤病的根源——包括我的腹股沟（groin）、大腿肌腱（hamstring）以及小腿（calf）的伤病。因为我的背太脆弱，我身体的其他部分不得不承受更多的压力，而这招致了周身的伤病。

治疗的方法出人意料地简单——只需要注射。他们朝背部注射含糖配方的注射物，从而使我的韧带变得挺直。没错，不需要可的松（cortisone），不需要其他药物，只需要糖，就能让我的韧带伸展，从而使我脊椎的骨骼紧密贴合起来。这是一个如同发现新大陆一般令人惊喜的时刻，我的后背瞬间重新变得可靠，我不再感到脊背摇摇欲坠，或者随时会断裂。我进行了一整个注射疗程——在 6 周内进行了 6 次注射。每次注射时的疼痛简直骇人，但我可是个纯爷们儿，每次咬咬牙就挺过去了。

事实上，注射时的疼痛简直令人生不如死，但在注射之后我能站直身子，还可以奔跑，这种感觉如同梦幻一般。我现在开始珍视那些我曾以为是理所当然的事情——比如身体真正健康，在最高水平的比赛中登场，以及为冠军和奖杯而奋斗。在 2010 年时我参加了许多比赛，而到了下一年我成为球队后卫中出场次数最多的那个——我们也顺利夺回了联赛冠军。目前我仍需要偶尔服用一点儿止痛药，每年还要进行两次附加的注射。但是梦魇已经消失，它消失得如此突然，就如同它暴风骤雨般的来临一般。我成功复出，证明了自己还能在最高水平的比赛中出场，我证明了那些怀疑者是错误的。

我又感到棒极了。

第五章　关于种族主义

* * *

我的母亲是白人

我的父亲是黑人

我拥有白人的观察视角

也可以从黑人的角度看待事物

我尊重二者

这也是我对我的孩子的唯一期望

我认为这并不是一个太高的要求

1. 麻痹大意

我父母的故事简直可以拍成一部电影。过去，他们走在一起时，甚至会有路人朝妈妈吐口水，因为她同一个黑人走在一起。有时候他们会被警察拦下来，警察和街区周围的人对爸爸的态度非常恶劣，因为他胆敢同一个白人女性在一起。警察对妈妈也很不友善，因为她竟然和一个黑人男性混在一起。

这听上去简直像发生在实行种族隔离制度的南非的故事，不是吗？但事实上这故事发生在20世纪70年代的伦敦。他们必须经历这些磨难，才能有我和我的兄弟们的诞生。如今我已为人父，我的妻子是白人，我不希望我的孩子们还会有类似的遭遇。

我在佩卡姆（Peckham）长大，当时那里到处都有种族歧视的事发生，但你从不知道你什么时候会被卷入这些麻烦，或者这些事情会多么有害，又或者你该如何应对这些事的发生。我所在的住宅区居住着来自四面八方的人：爱尔兰人、英格兰人、黑人、加勒比人，还有土耳其人。大部分时候我们的相处还算融洽，也会在一起玩耍，但是我们偶尔也会同一些年长一点儿的白人在一起玩，他们绝大部分都是米尔沃尔（Millwall）或者阿森纳的球迷。你经常会从他们口中听到种族歧视的言论。有一次我们在一块儿，这些人就开始朝我们学猴子的叫声，或者做些类似的事。我们年纪比他们小得多，个头也小得多，所以如果打起架来我们不会是他们的对手。但是，我们之间也有共同的爱好，那就是足球。他们擅长踢球，我们的技术也不赖，所以我们会和他们在场上较量，或者，换句话说，我们会“在一起”踢球。足球是一项能让人们走到一起的运动，它高于一切。我们虽然和他们并不是一类人，但每次都会和他们一踢就是好几个小时。在一起踢球的过程中，我们之间的关系也渐渐变得紧密，但是你总能听到那些奇怪的种族歧视的叫声，特别是在我们赢得比赛的时候。于是问题来了：对此我们该怎么做？我们只能回敬一句：“滚开。”不会有更过激的事发生。我一直认为我还有后援，如果事情变得严重了，我就回家告诉爸爸，他就会来收拾他们。但我从未这样做，因为我想继续和更优秀的球员——这些白人——一块儿踢球，所以我们从没有把在后院发生的事向别人提起过。

当然，如果有不是我们这一带的人敢对我们来这一套，后果就很严重了，我们会立刻同他们大打出手。现在想来，这样对付种族歧视实在有些不妥，但在小时候，如果有人嘴里冒出种族主义的言论，我的第一反应就是和他打一架。当我渐渐长大，我会采取一种不同的方式报复。我会想“好吧，我一定要赢下这场比赛”或是“我一定要进你们一个球”。我记得当我在查尔顿

（Charlton）参加第一堂训练课时，一个小孩管我叫“黑杂种”，我们立马打了一架。他的教练约翰·卡特莱特（John Cartwright）的反应令人印象深刻，他立即介入，并且站在我这边，让那个小孩向我道歉，还将他停赛了数周。那时候我甚至还没有同查尔顿签约，我很佩服那位教练。

在这片街区，我的母亲是非常受人敬重的。我的邻居爱管我叫“黑杂种”。一次我去她家找她女儿玩，当我敲门时我听到她说：“不要让那个黑鬼（nigger）进家门。”我回家问妈妈：“什么是黑鬼？”我年纪尚小，对这词一无所知。妈妈径直走出家门，一脚踹开邻居家的门，把那个女人拽出来，让她向我道歉。

再后来，我逐渐意识到职业足球界的种族歧视，我看到我的偶像约翰·巴恩斯一脸轻蔑地用脚后跟将种族主义者扔向他的香蕉踢开，我知道像保罗·因斯、布兰顿·巴特森（Brendon Batson）还有韦夫·安德森（Viv Anderson）这些球员对种族主义问题都很关切。我也亲身体验过球场里的种族歧视。那是在我和一个朋友去看米尔沃尔和德比郡（Derby）的比赛时，德比郡有四到五个黑人球员，他们都踢得不错，我们前面的一个家伙在高喊：“瞧那些该死的‘黑杂种’，快把他们送回老家吧。”然后他转过身，发现我站在他身后。我身旁有一位警官，我瞅了瞅这位警官，但他假装没瞧见我，好像什么事都没发生过。之后我身前那个家伙说：“我说的不是你，伙计，我只是说场上的那些人。”我立马起身对朋友说：“伙计，我得走了，我实在忍受不了这种事。”

在西汉姆联时，我从未听到过任何同种族歧视沾边的话。身为黑人球员，为西汉姆联效力绝不会为你带来麻烦。在20世纪70年代，球队阵中有克莱德·贝斯特（Clyde Best）和艾德·科克尔（Ade Coker），保罗·因斯和乔治·帕里斯（George Parris）也曾在这里效力。西汉姆联队里总会有几位黑人球员，我在这里也感到很愉快轻松。到了20世纪90年代末和21世纪初，在全国范围内，事情似乎有所好转。在英格兰的赛场上，种族歧视的言论基本不会再响起。如果国家队和U21代表队在海外征战时遇到种族歧视事件，就像在西班牙和塞尔维亚以及其他国家发生的那样，足总（FA）会以很强硬的态度回应，媒体在这个问题上表现得也还算不错。我觉得英国的足球界，包括英足总都做得不错，应该得到赞赏。诸如“Show Racism The Red Card”（向种族主义出示红牌）和“Kick It Out”（将种族主义踢出球场）之类的组织看上去也干得挺好，我也曾参与他们组织的活动。我还记得我和蒂埃里·亨利一起参加了一场活动，我亲口对人们说“我看不到球场看台上有种族主义的存在”和“英格兰干得不错”。

后来，在2011年10月15日，曼联在安菲尔德（Anfield）客场挑战利物浦。比赛进行到第62分钟，帕特里斯·埃弗拉在角球时盯防路易斯·苏亚雷斯（Luis Suarez），他们用西班牙语发生了口角。我在距离他们几码的位置，没有听清他们的对话。在后来英足总的报告中，这段对话大致是这样：

帕特里斯·埃弗拉：该死，你干吗踢我？
路易斯·苏亚雷斯：因为你是黑人。
帕特里斯·埃弗拉：你有种再说一遍，我一定会踹你一脚。
路易斯·苏亚雷斯：我不和黑人说话。
帕特里斯·埃弗拉：好的，我现在要揍你一顿。
路易斯·苏亚雷斯：行了，黑鬼，黑鬼，黑鬼。

这是一个法国人和一个乌拉圭人用西班牙语进行的一段对话，这段对话的后果非常严重，几个月的时间里它在英格兰足坛引发了一场“地震”。在经过许多争执后，苏亚雷斯被足总判定有种族歧视行为，被处以罚款和8场禁赛。在两家俱乐部之间，足球的“宗族主义”也立即显露出来。在曼联这边，我们当然力挺帕特，我们都知道他是一个严肃且真诚的人，他的证词一定是可靠的，他从来没有撒过谎，这次当然也不会。而相对的，利物浦的球员和教练也本能地支持他们的球员，他们说苏亚雷斯是个好人。利物浦全队竭力为苏亚雷斯辩护，他们后来还全部穿着印着苏亚雷斯名字的 T 恤支持他。这些行为只能给人留下坏印象，他们希望团结起来支持自己的队友，但他们忽略了全局，混淆了是非对错。

在事情刚发生的那段时间里，更令我担忧的是事件扩大后人们的反应。人们无比同情苏亚雷斯，这使我感到震惊，许许多多的人在媒体和社交网络上都在说："倒霉的苏亚雷斯，也许他根本没有种族歧视行为。或许在乌拉圭这种行为并没有恶意，真是可怜啊，他只是不适应这里的文化，结果因为莫须有的罪名遭到了惩罚。"没有一个人谈到帕特遭遇的巨大压力。事情怎么会发展成这样——种族歧视得到辩护，而使人们关注种族歧视问题却会遭到攻击？为何到今天这种事还会发生？我一头雾水。人们只是嘴上说说种族歧视很"糟糕"，但他们无疑对种族歧视究竟是什么，或者种族歧视的受害者的感受一无所知。我发现种族歧视从未真正消失，它只是比以往更好地躲藏了起来，这个结果令我惊愕不已。我们麻痹大意，产生了一种虚假的安全感，这些年来种族主义被掩盖起来，而这件事的爆发让我们清楚地看到它依然阴魂不散，只是藏于表面之下。

当时我离帕特里斯和苏亚雷斯不过几英尺的距离，我从未想到，那时候种族歧视竟离我如此之近。

2. 安东

就在埃弗拉和苏亚雷斯的种族主义事件发生 6 天后，我正坐在家里看电视上女王公园巡游者和切尔西的联赛比赛。女王公园巡游者正 1：0 领先，我的弟弟安东在女王公园巡游者的后防线上表现出色。离比赛结束还有 5 分钟时，安东和约翰·特里（John Terry）在女王公园巡游者的禁区内发生了争吵。约翰跑回自己的半场，这时导播切了一个特写镜头。你不需要是一个唇语专家，就能看出约翰·特里——英格兰队队长，过去6年我在英格兰队的中卫搭档——说了一句："你这个该死的黑鬼。"看上去他就是朝着安东的方向说这话的。不到一分钟我的电话就被打爆了，我的朋友、家人，几乎每个我认识的人都在给我发短信和打电话，对我说："你看到刚才那一幕了吗？"几分钟之内推特上也炸锅了，那段视频也被传到了YouTube上。

那句话的后果是非常严重的：一切都乱了套，事情的解决灾难性地拖得冗长，我们遭受的痛苦至今仍未消除。事情本可以被干净利落地处理好，每个人——包括特里——都可以保有自己的尊严，安然无恙。但是，它却最终恶化，折腾了近一年，给我们造成了巨大的伤害。

对于那些没有关注过正式诉讼案件的人而言，接下来是要点，警方最终以公众匿名举报为由指控特里对安东有种族歧视行为。特里否认了这项指控，还多次给出了不同的解释。经过5天的庭审，在2012年7月——距离事发9个月之后——他被宣判无罪。地方法院发现约翰·特里确实说过"你这个该死的黑鬼"，但无法判定他是否是出于种族歧视的意图说出这话的。两个月之后，即2012年9月，英足总纪律委员会给出了不同的应对手段。他们认定特里使用了侮辱性的言论和行为，对他处以4场禁赛和22万英镑的罚款。

在那个时候，约翰还在坚持维护自己是无辜的。但两周之后，他发表了一封所谓的向"所有人"的道歉信，称尽管他对英足总的决定很"失望"，但"在事后我清楚地认识到身处在我的位置，我的行为是不恰当的"。可他从未向我和安东道歉，也从未表露出他明白自己的愚蠢行为给别人造成了多大的伤害。同时，在迷茫和不快中，我的英格兰队生涯结束了，约翰的英格兰队生涯也以令人困惑的方式跌跌撞撞地延续着，直到事件尘埃落定。一开始，他照常比赛，后来他的英格兰队队长袖标被剥夺，但他继续为英格兰队效力，再后来他也退出了英格兰队。正如我之后说的那样，这些事情都是可以避免的。

在这个案件的调查过程中，安东的律师告诉我们，不能公开谈论此事，我们也照他说的做了，现在我感到这是一个错误。如果我们公开表达出自己的看法，一些痛苦或许就能避免。这件事伤害了英国足球和英国的种族之间的关系。安东是这件事中无辜的一方，可他的职业生涯被严重损害了，他还收到了死亡威胁，子弹被寄到他的信箱里，无休止的种族歧视行为向他袭来。我母亲家里的窗户被人砸碎，子弹被扔到她的家里，最后她因为压力过大生病住院。我觉得法院和足球管理机构自始至终都在犯错，刑事起诉的结果被人误导了，而足总的犹豫不决让事情变得更糟。确实，有人想让这件事大事化小。在退役后从政的黑人足球运动员中，有一些人因为没有对外界谈论此事而备受关注，我们反对那些想把这件事用以推进什么政治议程的人。而 Kick It Out 只知道做表面工夫，在事件被激化后却看不见他们的人影，这令我们十分不满。

足总显得很迷惑，优柔寡断，他们既想保护英格兰队的队长，又意识到必须要处罚他，最终他们散播出了含糊不清的信息。切尔西想要保护他们的队长，于是只顾添油加醋。阿什利·科尔（Ashley Cole）同我和安东是从小时候就认识的好朋友，但他背叛了我们之间的友谊。而在这件事里最愚蠢的人莫过于约翰·特里，他本可以立刻承认错误，给大家减去这么多不必要的痛苦。他可以称自己当时头脑发热才说了这话，但自己并不是种族主义者。我想这很可能就是这件事的真相，我们也愿意接受这样的道歉，但他从没有给我们这个机会。

我想强调的一点是，有人觉得是安东把约翰·特里卷入法庭，这大错特错。实际上，安东曾劝说警方和皇家检察署（Crown Prosection Service）不要起诉，他知道一旦上了法庭，事情会闹得更大，社会上会产生对立情绪，人们会不得不站队扣帽子，但在这事上我和他都没有决定权。一项公众的匿名举报使警方卷入调查，之后皇家检察署才决定提起诉讼。为了让约翰能在 2012 年的欧洲杯出场，庭审也推迟了。

安东一直都说得很明白，他在场上没有听到约翰说了什么话。是约翰的律师要求安东出庭，而不是其他的情况，这是人们需要知道的。我再三强调：安东不是事件的煽动者，他压根儿没有听到那些攻击性的话语，足总和约翰的律师对他咄咄相逼，他也不曾还击，他在法庭上遭到的盘问几乎可以等同于人身攻击。许多人，特别是切尔西的球迷，似乎认为安东“告发”了约翰，可安东从未“告发”任何人。

3. 患难知人心

我再也没有与阿什利·科尔和约翰讲过话，在阿什利决定出庭的那一天，我们的友谊结束了，他甚至没有提前告知我们——我们从律师那儿得到的消息。安东打电话告诉我这个消息，我的脑子几乎一片空白。

“你说阿什利要去法庭是什么意思？他要为你作证吗？”

“不，是为约翰。”

“什么？你不是在开玩笑吧？”

不幸的是，他没有开玩笑。

现在，我明白当时阿什利承受着巨大的压力。对此，我苦思冥想了很久，思考着阿什利还能不能用一种不同的方式处理此事。他应该跟约翰说：“请不要让我卷入这件事中，如果我支持你，就会伤害到我和里奥的友谊；如果我替他们说话，我们之间的关系就会破裂。”在这种情况下，作为一个男人，约翰会说“我尊重你的决定，谢谢你”或是“可是阿什利，我什么都没有做！你能不能站在我这边替我说话”。那时候阿什利就可以找到我，说：“里奥，约翰没有种族歧视的意思。”我会相信他的，他只需要像个男人一样告诉我就行了。我们从小就认识啊，他本应该以朋友的身份向我解释他的尴尬处境，但他从没有这样做。

相反地，我还得给他打电话，但他还是没有理解我的意思。事实上，他还觉得我已经失控了，竟然会联系他。我说：“阿什利，你在做什么呢？我的弟弟正在受煎熬，我母亲的邮箱里发现了子弹，家里的窗户被人砸碎，你竟然觉得我是失控了才会给你打电话？我们没有生活在同一个世界吗？”我尝试让他从我的角度考虑问题，“如果是你的弟弟即将上法庭，被媒体猛烈抨击，职业生涯岌岌可危，你会怎么做？如果我去法庭为不利于你的事情作证，你难道不会感到很失望吗？我希望你能联系我。”但他就是不明白，又或者他明白了我的意思，但他没法让自己坚决地远离此事。他只是不停地说：“我不想被卷入这件事。”

我说：“但你已经被卷进来了，你亲手让自己成为此事的一分子。”

英足总负责此事的小组在很久之后最终认定阿什利的证词是“成熟”的，这是一个相当客套的说法。阿什利拒绝给我一个清楚的解释，他从来没有对我说过一个斩钉截铁的是或否。他只是一直在说：“但我不想被牵扯进来，我不想去法庭，我不知道发生了什么，我不想出庭。”而我的反应是：“那好，既然这样的话，为什么你还要出庭？”

我们最后一次联系是通过短信。就在威斯敏斯特地方法庭（Westminster Magistrates Court）开庭前，我发短信告诉他他有一个选择：“你是我的朋友，也是约翰的朋友，你认识我们双方的家人，所以你要么走上法庭一五一十地讲出事件的真相，要么就别去，一定要做出抉择。”

“我没得选，”他说，“他们告诉我我必须出庭。”

我说：“好吧，如果你上了法庭，你必须知道，我们不会再讲话了。你知道发生了什么，你亲眼看到了，这不是什么复杂的高科技，我知道你不想被牵扯进来。该怎么做，你自己选。”

“你认为我愿意牺牲假期时间来法庭搞这些破事？”他回复道，“我没有必要牵扯进来，但他们告诉我我必须要这么做。”

我说：“好吧，你去吧。”我和他的关系到此为止。

我对他感到怒不可遏，又无比失望。两种情感交织在我的心中，所以我在推特上转发了一条别人称阿什利是“巧克力冰淇淋”的话。何为“巧克力冰淇淋”——外面是黑的，里面是白的。现在回想，我不该这样做，但这就是我当时的想法和感受。这就是社交网络的一大问题：如果你一时冲动，就再也没法补救。令人难过的是，阿什利一直就是个好人，过去我同他相处得非常融洽——他对人特别友善。我们曾一起度假，参加聚会，我们都曾在媒体上遇到麻烦，也依仗着对方渡过难关。但就因为这一件事，我们的友谊荡然无存。我只是不想看到我弟弟备受煎熬，而我的一个所谓的朋友在法庭上站到了他的对立面。

我想，总有一天阿什利会明白这一切，他会为此感到难过，他会意识到自己犯下的错误。我们都犯了错，我也难辞其咎，我现在觉得在那种情况下，我本可以做得更得体一点儿。阿什利也会有那么一天——他会意识到自己起码应该提前打个电话告诉我他要出庭。我会更加慎重地处理这件事，如果他说："事情就是这样，我没有别的选择。"我可能会说："好吧，你个白痴，但最起码你打电话告诉我了。"当他回想时，他会感到沮丧，会后悔自己处理这件事的方式。我知道这对他而言很艰难，那些把他摆到那个位置上的人更应该被谴责。

至于我和约翰的关系，同样有太多误解夹杂其中。

他也本可以直接找我或是安东。如果约翰说："我认为我做错了，我们私下把这件事解决掉，好吗？"我们会立刻站出来说："你知道吗？你实在是个白痴，但我们都会犯错。我自己也不完美。下次别再犯这种错了，伙计。"约翰可以做一个公开道歉，然后这件事很快就会被人们忘记，可问题在于他尝试着逃避自己犯下的错误。我实在不能原谅他会容许这么多人之间的友谊因为这件事被摧毁：我和他的友谊，我和阿什利的友谊……从此化为乌有。

我从没有同约翰真正谈起过这件事，有什么意义呢？我在电视上看到他做了什么。我们在国家队是多年的队友，我们也本可以在国家队重聚的。我们不是最亲密的朋友，但我们也曾在晚上一块儿出去玩，时常发短信或者打个电话。我认为他身上总有些优越感，但我们相处得还算不错。当然，约翰从没有让我觉得他是个种族主义者。我从来不会主动怀疑别人，一向都会设想这个人是好人，除非真的有什么事证明他有问题。我从不会说约翰的坏话。当然，代表俱乐部各为其主时，我们会在球场上针锋相对。再后来这件事发生了，但我至今仍难以相信他是个种族主义者，或者他曾有过种族歧视的言行。

毫无疑问，约翰对这件事的处理非常糟糕，他本应该给我弟弟打个电话，说："抱歉，伙计，我说了那些话，但我绝不是一个种族主义者，如果可以的话我希望收回那些话。"我就会觉得：这人是个行得正坐得端的汉子。我会同他握手，告诉他："你说了那些话，我觉得你是个笨蛋，但你像个爷们儿一样解决了这事。"有人会觉得我跟他握手，接受他的道歉是背叛行为，但我不会在意。可是约翰从没有像个男人一样说任何类似的话。

这整件事令我对马丁·路德·金（Martin Luther King）和纳尔逊·曼德拉（Nelson Mandela）的钦佩又加深了一分。曼德拉是我的偶像之一，因为他明白如何原谅别人，2010 年的南非之行最激动人心的部分莫过于世界杯开赛前同他的会面。我们全队同他见面，我还记得约翰当时也跟我们一样被这位伟大的人物所打动。我常常想，我所遇到的事情同曼德拉在南非的经历比起来简直微不足道。他在数十年间遭遇到非人的对待，在监狱被囚禁了整整 27 年，但是他拥有着非凡的意志力，他原谅了那些曾对他犯下恶行的人们。他是怎么做到的？因为我发现我实在无法原谅或是遗忘约翰给我和我的家人带来的痛苦，这才是整件事的核心，他说了什么或是没说什么都是次要的。我坐定思考：他曾是我的朋友，我的队友，我们一起为国出战了 30 多场比赛；多年以来我们之间有着激烈的竞争，我们不是最好的朋友，却是球场上的伙伴。但他却坐视我的弟弟因为他的愚蠢行为而经历的各种不顺，这就是背叛。

我仍乐意与他一起代表英格兰队出战，但这种事发生的可能性已经被我和英足总关系中的灰色地带所抹杀。多年以来，我和足总之间有过合作愉快的时候，也有矛盾激化的时候。在 2003 年，因为错过了一次药检，他们对我处以 8 个月的禁赛。因为那条"巧克力冰淇淋"推特，他们罚了我 6 万英镑。但他们最终也做了一件正确的事，那就是将约翰禁赛 4 场。我个人觉得，在这样一场风波后，约翰应该受到和苏亚雷斯一样的处罚，但至少足总还是表达出他们对发生种族歧视事件是相当不满的。实际上，考虑到在庭审中约翰并未被定罪，足总对他处以禁赛还算是一项相当坚决和大胆的行为。

但后来的事情又变得令人困惑，因为足总准许约翰为英格兰队出战。这会传递出怎样的信息？令我不爽的是人们自动开始猜测，如果他为英格兰出战，那我就不会为英格兰效力了。他们似乎认为我和他不可能在同一队踢球，但这对我而言并不算是个问题，我曾和我并不喜欢的人一块儿踢球好多年。在曼联，我并不会和某些球员一起喝酒，从不会给他们打电话或者发短信，但我会和他们共同为曼联而战。在这种问题上你需要表现得很职业。如果一个球员能帮助我们赢得胜利，我会毫不迟疑地和他一块儿踢球，这跟你要我和他共进晚餐不一样。我大概会对约翰说："听好了，我们再也不会是朋友，但我们要齐心协力让英格兰队变得更出色。"我们会有纯粹的工作上的关系，这样就很好，但从没有人问过我的想法。

我发现这件事相当奇怪，因为我曾告诉别人我的想法。俱乐部里的人都在问："你会和他一起踢球吗？"我的回答是："是的，我没有任何问题。"我想为英格兰出场争取胜利。霍奇森（Hodgson）最起码应该问问我："你可以和约翰一起踢球吗？"如果我说"不"，那没有问题，他们可以认为里奥·费迪南德和约翰·特里中有一个人将被排除在阵容之外，然后他们可以从我们之中挑一个。但我们之间从没有过这样的对话。

我认为这件事可以被更好地处理，但我从没有表明自己的真实看法，因为我不想让人们知道我感觉很糟。人们一向认为我是个乐天派，当有人问我感觉如何时，我都会回答："我还不错，伙计。"然后他们会说："你认为约翰比你更出色吗？"这种话很伤人。我想要为国效力，我本可以代表英格兰出场超过100次。最终，当我治疗了背部的伤病，恢复在场上稳如磐石的表现时，要求我回到英格兰阵中的呼声开始出现。就在那个时候，就在2012年欧洲杯开赛前的最后时刻，罗伊·霍奇森（Roy Hodgson）告诉我他希望我回到球队中。

这是失败沟通的又一个例子——以及糟糕的时机选择。我遭受了几乎终结我职业生涯的伤病，又好不容易靠着定期的注射从伤病中恢复过来。我需要安排接受注射治疗的时间，又因为我不再被国家队征召，于是我选择在国家队比赛日期间进行治疗。可就在这时，霍奇森突然跑出来要求我回到国家队阵中。在那时我不得不给他否定的答案，因为我需要治疗。人们说我拒绝回到国家队，但这根本不是事实。

在风波中，我更清楚地认识到什么人才是值得依靠的。在事情闹得最不堪的日子里，人们都在批评我们，说："不过是嘴上的几句话，让它过去吧。"我回答："你可以让它过去，但我不能，因为这件事关乎我的家人。"

当母亲生病时，我大部分时间都在曼彻斯特，没有机会在医院陪她太久。我终日四处奔波，有时只能陪她几个小时。至于我的父亲……据我所知，绝大部分时间里他都想要爆发，他只能眼睁睁地看着自己的孩子心力交瘁，被媒体中伤，而他却无能为力。

在整个事件中，弗格森爵士的表现令人印象深刻，他给我妈妈寄去了鲜花，和她通了电话，这就是他的为人，足球界我认识的人里再没有别人这样做了。他经常和她通电话，只是为了说一句："你还好吗？"这是他的个人风格，总是用心待人。妈妈会打电话告诉我这些事，她很感动，这些问候给了她很大的激励。大概弗格森自己都不知道这有多重要。

我的父母团结一心，每天和安东一同去法庭，还有杰米·莫拉莱——我和安东的经纪人——同样每天奔赴法庭。这种行为令人钦佩：一个白人日复一日地代表一个黑人为一桩种族歧视案件奔波，这无疑是把自己置于风口浪尖。杰米也有自己的家庭，要是有种族主义者去骚扰他家怎么办？这是你不得不面对的麻烦，面对这种麻烦需要勇气，而杰米是个有胆识的人。

我希望我也能把这些形容词放到另外一些人身上，我们曾希望他们会有更好的表现。在庭审期间，一天晚些时候，Kick It Out 的人找到我母亲，对她说："我们能做些什么？我们可以提供帮助。"

"提供帮助？太好了。"母亲说。"你们可以同我们一起去法庭。"

他们说："噢，我们会派人进去担任观察员的。"

"不，这不是我们需要的。"妈妈说道，"不要派些西装革履的人进去，他们不会唤起人们的注意。让你们的人穿着宣传 T 恤跟我们一起走进去，同我们并肩作战，这样人们就会明白这是一桩种族歧视案件，而你们在这里是支持我们的。"

"不，我们不能那样做。"他们这么回复，他们拒绝了我们的要求。

于是妈妈说："这样的话，麻烦你们滚出我的家门，离我们越远越好。"在庭审时，他们派了个叫丹尼·林奇（Danny Lynch）的人过来——他一身西装——没有任何媒体报道他的出现。我想妈妈的判断是正确的。

我感到 Kick It Out 纯粹只会做点儿表面工作，他们没有一点儿能耐。其他的组织也差不多。在法庭外，我看到英格兰职业球员协会（PFA）的克拉克·卡莱尔（Clark Carlisle）正在接受采访。我对他说："快跟我们到法庭里来。"

"噢，我不能被人看到走进法庭里面。"

"什么意思？你应该进去，约翰还有我的弟弟都需要你的帮忙。"我没有说"进来帮帮我的兄弟"，我说这是一个种族案件，你应该进来帮助里面的三个球员，他们都是你们的会员，每年都向你们组织交纳一笔钱。

"噢，我们不能……我们不能这样牵涉进来。"为什么不呢？你就站在外面，为你的纪录片做着采访，这算怎么一回事？当事情正在发生的时候，你在哪里？你们这些人都在哪里？

几个月后——距离事件发生一年左右，案件诉讼后三个月——这一连串噩梦已经过去，Kick It Out 又在组织周末身着 T 恤游行的活动，他们想要每个人都穿上一件印着"同一场比赛，同一个集体"（One Game，One Community）的 T 恤。在他们眼中，风波似乎已经平息，大家都相安无事。他们问我愿不愿意穿上那件 T 恤，我的答复是："你们疯了吗？没门儿！"如果他们不愿意同我们一起走进法庭，那我也自然不愿意穿着他们的T恤陪他们演戏。我知道这看上去是我锱铢必较，但如果我穿了那件衣服，爸爸可能再也不会和我说话，妈妈大概会和我说话，但她会感到深深的失望。而我过去已太多次让他们失望，所以这次我绝不能再犯错。

这件事又在媒体那边引起了轩然大波，他们对我议论纷纷。“里奥会穿上那件T恤的！”“里奥绝不会穿上那件T恤！”我曾听到很多球员说：“我才不会穿那玩意儿的，绝不可能！”之后他们却身着那件T恤上街了。正是在这种紧要关头，我才看清我的一些所谓的朋友究竟是什么人。对于那些在压力面前畏缩的人，我改变了对他们的看法。但我不会让这影响到我们之间的关系，更不会在这里公布他们是谁。我想说，我没有要求任何人去抵制那项活动，但请你不要一边告诉我你不会穿上那件T恤，一边出尔反尔，这不过又是嘴上的空谈罢了。同时，也有人是言出必行的。杰森·罗伯茨（Jason Roberts）没有穿，乔莱昂·莱斯科特（Joleon Lescott）也没有穿，我听说维甘和斯旺西的球员都没有穿。

但不可避免地，我被推到了风口浪尖上。在对阵斯托克城比赛前日的新闻发布会上，主教练宣布：“所有曼联球员都要穿上反种族主义的T恤。”我无法理解，他从未问过我的意见。第二天，我们走上球场进行热身，负责运动服装的伙计——阿尔伯特·摩根（Albert Morgan）——把T恤递给我，我立马变得心烦意乱。我说：“滚开，阿尔伯特。”我和他关系很不错，我可以朝他骂脏话，他也可以用脏话还击，隔天这些事就被我们抛诸脑后了。

“滚开，阿尔伯特！”

“不，教练要求你穿上它。”

“我才不会穿呢。”

“不行，教练要求你把它穿上，你必须穿上。”

“听好了，阿尔伯特。滚！开！”

于是我没有穿那件T恤就走上了球场。热身结束后我回到更衣室，领队气得简直要发疯。

“你以为你是谁？你够胆不穿？我昨天都跟别人说了你会照做，你就必须穿上它。你敢自作主张——你算老几啊？”他就这么骂了好久。

我说：“你没有问过我，我从没有打算穿那件该死的T恤，我没有让你上电视去瞎扯。”

“行吧。”他回答道，“罚你一周的薪水。”

“好吧，明天见。”

“你明天会见到我的，你被罚款了。”

就这样，我走上球场，帮助球队赢下了比赛。

第二天，我不得不去他的办公室见他，我已经做好了迎接一顿劈头盖脸的臭骂的准备。他坐在那儿，而我一直站着。他说：“听好，我不赞成你的做法。我知道这关乎你的家人，但我不赞同你拒绝穿上T恤的做法。你必须支持这些运动和组织……我是站在工会这边的。”

“是的，可是头儿，你从没有跟我提过这事，你不明白我的处境，你不知道发生了什么，也不明白为什么我不穿。”我试着去解释我不穿T恤是因为Kick It Out没有在诉讼中出力，我对他们不信任。“如果你不相信一个组织，你就永远不会佩戴他们的徽章，是吧？如果在一些事情发生的时候他们没能达到你的期许，你就永远不会再找他们了。我知道，你也会这样做的，头儿！”

他的反应令我惊诧不已。他说：“昨晚我和我的太太聊过了，她对我说，呃，她问我‘你有没有问过那个小伙子？’我说没有，她又说‘这就是你的错了’。”他竟然告诉了我这些！

然后他说：“我通常不会承认错误的，但我现在有点理解你为什么不穿那件T恤了，我不会处罚你，我应该和你说一声的，我承认，这是我的错。我仍觉得你应该穿上它，但我尊重你的决定。”

事情就这么解决了，我为他深深折服，对他的敬意又加深了几分，我想他也会更加敬重我，因为我是一个能坚守信念的人，面对巨大的压力也不曾动摇。这个问题事关球队的团结，他从球队的角度来看待问题："我们做什么事都一起，为什么偏偏你要特立独行？"我能理解这点，因为他希望球队赢球，并且团结一心，但他没有过问我的感受。

而弗格森虽然手握重权，但依然保有正直的品格，现在像他这样的人不多了。我不能忍受那些身居高位却只会做表面文章的人，比如国际足联那些高官，他们鼓捣了"尊重"（RESPECT）活动，时常对球员处以十分愚蠢的罚款，我不相信他们是诚恳的。像塞普·布拉特（Sepp Blatter）以及其他位高权重的人，他们总是做出错误的决定。在苏亚雷斯和约翰·特里的事件后，布拉特说在种族侮辱事件中，当事的两位球员握一握手就足以解决争执了。握个手，然后就可以走开了——这就是他的说法。真是个白痴！我在推特上就这事狠狠抨击了布拉特。这就是国际足联的主席，他显然没有明白问题的关键所在。还有很多人批评了他，他不得不屈于压力改变自己的主张，但愿他能搞清楚状况。大约一年后，在意大利，当凯文·普林斯·博阿滕（Kevin Prince Boateng）遭到种族主义的球迷的侮辱时，AC米兰全队一致力挺他，愤然离开了球场。一开始，布拉特说博阿滕做错了，但后来他又邀请博阿滕去苏黎世，大大赞扬了他。如果是布拉特总算明白了种族歧视问题有多么重要，那还不错。但我感觉他的行为只是一种公关手腕。

在我这儿，Kick It Out 和 Show Racism The Red Card 都曾有机会一展身手，但他们没能把握住，他们也不是个例。

4. 真相与和解

"你得学会面对生活。"这话到底是什么意思？我已经谈过一些个人和组织存在的问题。而我们整个家庭，作为争端的另一方，对某些过激手段也不大感兴趣。当时我们的情绪都很激动，而有些白痴过来建议"你们应该到约翰·特里家附近去把他打一顿”或是“派个人过去好好教训他一下”，我被这些建议惹怒了。你们疯了吗？这不是正确的解决方式，我们根本不想这样做，我们家还没有沦落到这个档次。同时，黑人团体的一些人在教育我们做这做那，或是说“里奥必须采取政治上的手段”。但我们从不希望把这事上升到政治层面，变成黑人与白人之间的对立。

关于黑人足球运动员如何应对这种情况的讨论也是热火朝天，杰森·罗伯茨和达伦·摩尔（Darren Moore）等人热衷于让更多在足球界具有话语权和地位的黑人进入到决策层。我完全赞同现状应该得到改变，过去，足总可以精挑细选出一些他们可以轻易摆布的人做提线木偶，如果有受到黑人团体信任和尊敬的人进入到权力结构的中心，会是一件好事。

我同意未来为足总在国家队工作的一个重要原因是，我希望更好地了解这个组织，熟悉那些负责决策的人。他们究竟是什么人？我希望能认识他们。

同样令我困扰的是，在种族歧视的问题上，没有一个我们这一代的球员能够参与到决策中，不论任何肤色、任何信仰或者来自任何文化的球员都没机会参与决策。举个例子，在研究我那条“巧克力冰淇淋”的推特时，为什么足总会认为乌斯利爵士是“专家”，采纳他的意见？足总应该向熟悉我们这代人，对当今的流行用语有更多了解的人咨询。同样的话语在乌斯利爵士那代人那里或许会同我们这代人有截然不同的意思，他们采纳了他的解读。在听证会上，我说：“为什么乌斯利爵士会在这里？他是一位老人，他根本不明白我们说的话是什么意思。”但这不是他的错。我相信，他尽可能坦诚地回答了一个抛到他面前的问题。这是个很复杂的问题，因为有太多少数群体被牵扯进来，他们发出不同的声音，有着不同的观点和感受。当你想把所有人包括进来时，你得考虑到踢足球的女性，以及受到歧视和排斥的同性恋球员。观点在日新月异地发生变化，足总必须跟进，我想足总也正在做这件事。可问题是，作为一个手握权力的组织，他们往往是在被动地反应，而非主动出击。

一些黑人球员觉得特里的案件对他们是一个机会，他们可以“捍卫自己的立场”或者“让人们知道我们不高兴”。有人在讨论建立一个分立的组织，类似黑人球员的压力集团。我明白他们想达成的目标，但我对分离主义这一套不感兴趣，我不认为把黑人球员分离出去对未来有什么好处。我们的活动不应该有界限，每一个人都应该参与进来，我从小就养成了这样的意识。对我而言，特里和苏亚雷斯这两件事与支持黑人还是支持白人无关，我既不支持黑人也不支持白人。我尊重每一个人，不论他来自哪里，出身于什么文化。我说这话不是因为我是黑人，我想说的是：每一个人，都该尊重彼此。这是我对我的孩子的唯一期望，我不认为这是太高的要求。

约翰·巴恩斯是我无比尊敬的球员，他说一个人不需要是百分百的种族主义者就可以说出种族歧视的言论，他还说，如果一个人说出“黑杂种”，这并不一定代表他是种族主义者。他认为这可能只是一个人一时情绪激动，下意识说出的话。在过去，我大概会完全不赞同他的话，我会反驳，如果有人说出一些根本无法让人接受的话，那就可以盖棺论定了：他们是种族主义者，我会立马瞧不起他们。但是巴恩斯是我孩提时代心目中的偶像，我不会否定他说的话，但我开始思考。毫无疑问，如果有人多次犯下同一个错误，那就是他自己有问题了，这就不是单纯的犯下一次错误。而且我实在难以理解为什么有的人从来不会意识到：“这件事不能做。”可能他们在家中从未受过这样的教育，或者太过无知。另一方面，如果有人只不过犯了一次错，他们应该被视为是无意的。

有一点我完全赞同巴恩斯，那就是种族主义源于纯粹的无知。我曾说过，足球能够让人们意识到种族主义的存在，但它不能阻止种族歧视的发生。当一个人来到球场看球时，他明白如果自己喊出种族主义言论，就会被长期禁止入场，所以他就会在那 90 分钟里闭嘴，然后会去其他地方表露出自己种族主义者的本色。足球比赛只能在极小的层面改变他的行为，换句话说，足球并不能让他有一点儿进步。我们必须在全社会开展更广泛的教育，我们需要家庭的熏陶、学校的教育以及媒体的引导。

我们唯一期望特里事件能带给我们的，就是人们不再怀着对立情绪谈论种族主义问题，而是能对它进行更深层次的思考。我们希望人们明白种族主义依然困扰着我们，每个人都觉得我们解决了这个问题，但事实并非如此，它还在这里，阴魂不散。此外，我们从没有攻击过特里，我们从未说过，也永远不会说他的坏话，永远不会！这就是我无法明白为什么有这么多的人对我们怀有敌意的原因。媒体煽动起一种“我们起诉了他们”的氛围，但是我们一家总是在强调：这与安东或者特里个人无关，这事关我们与种族歧视的对抗，事关我们的下一代。我不想我的孩子或是别人家的孩子长大后觉得种族歧视是无所谓的，不论这孩子是白人、黑人还是印第安人或者亚洲人——你的人种并不重要，这就是我们的思路。借用在曼德拉时代的南非的流行说法，我们想要的不是一桩诉讼，而是一个更接近于“真相与和解委员会”之类的东西，它能够为我们带来光明而非愤怒，并且能够用各种事件教育人们。

但是我们期待的从未发生，我们让足总尽快处理特里事件。在足球场上发生的事就不应该闹到法庭上去，球场上的那一幕大家都看在眼里，足总应该在公众举报之前就将它成功化解，这并不难，你走访一下安东，再走访一下特里，看一看录像，然后就能做出决定了，真是再简单不过了。但是足总的处理方式显得这仿佛是他们遇到过的最复杂棘手的事件，部门之间互相推诿迟迟不能解决，拖了将近一年时间。

第六章 英格兰队：霍德尔和历任主帅

* * *

我们荒废了一代人

或许是两代人

当英格兰队在世界杯表现惨淡时，各种段子就会马上漫天飞舞，而且基本上都是些老段子。南非世界杯上我们 0：0 战平阿尔及利亚队之后，最流行的段子是：难以置信，我们居然连这么垃圾的球队都赢不了……我简直没脸说自己是阿尔及利亚人。

和普通人一样，我很喜欢说笑，但我不想再听到这样的笑话。我希望英格兰队能够争气。我相信这是可以实现的，但我们必须先弄清楚过去的问题到底出在哪里，现在的问题又是什么。

对于一名球员来说，最棒的事情就是能够为英格兰效力，但我的英格兰队经历却总是伴随着同样的遗憾：我们本可以做得更好。英格兰足球最大的问题是我们没有培养出足够多的顶级球员，另一个问题是我们没有搞清楚英格兰队到底该踢出什么风格的足球，依靠简单粗暴的传统英式打法大杀四方的日子早已远去，但我们却未形成一套新的足球哲学。新时代的“英式足球”是什么？

没有人知道。历经近 50 年的遗憾与失望，我认为是时候解决这个问题了，在后面的章节里我会详细阐述自己的观点，但首先我会分享自己对合作过的历任英格兰主教练的印象。

最出色的无疑是格伦·霍德尔，20 世纪 90 年代末期，当我还不到 20 岁时就有幸与他合作。他对于我们的踢法有着非常明确的蓝图，并且知道如何付诸实施，我依然认为他后来因为信仰问题被解雇简直是个灾难，如果他留任，我在英格兰队的表现将会与现在截然不同——我会成为一名更出色的球员。

霍德尔鼓励我带球前插，有时甚至让我踢“清道夫”。他希望我成为一名具有创造力的中后卫——除了防守，我还需要发起进攻，就像我在西汉姆联踢球时一样。他会告诉我：“你拿到球就引球向前，冲出防线，吸引对方上抢，再把他们给过掉！别担心身后的空当，你助攻上去之后有人来补位。”这让人听着为之一振。

我同样很欣赏他充满想象力的训练方式。他会和我讨论我所展现出的技巧，并鼓励我：“多做尝试，别担心犯错误，只要不重复犯错，那就不是问题。”

他才刚刚起步就被解职，我坚信如果他留任，会让英格兰队踢出他想要的足球，好看的、先进的足球，并且带着胜者的心态。有时我们会踢三后卫，有时则是四后卫，有时踢四人中场，有时是五人，所有球员都很享受，因为这不仅仅意味着更加强调传球和进攻，更重要的是我们踢得有目的性，充满变化和战术创造力。

格伦·霍德尔在我所接受的足球教育中起了很大的作用，他描绘出各种画面，让我们可以在脑海中想象比赛的进程。他还很擅长简化问题、分析问题，他会说：“如果你带球杀出防线，吸引对方一名中场，就会在这里、这里，还有这里给他们制造麻烦……当你前插助攻，有队友会帮你补位，不用担心。”

霍德尔会发觉下一个对手的弱点，并做出针对性训练，如果对方边后卫比较弱，我们就会花两到三天的时间演练边路进攻，他会将那片区域特别标识出来，让我们专门在那里发起进攻。他曾是英格兰技术最细腻的球员之一，这也体现在他的训练方式中：大量的技巧趣味练习，很多的小范围抢圈和一脚出球练习。热身中有一项是带球绕过标志物，再把球挑传回来，或是让球不落地，直接凌空踢回，这让有些球感并不好的球员很头痛。迈克尔·欧文（Michael Owen）就时常抱怨：“我去，又是这个狗屁技巧训练。”进球才是他的生命，他是天生的杀手，只喜欢进行那方面的训练。但我就很喜欢，我可以练上一整天的技巧。

霍德尔把我带去参加了 1998 年法国世界杯，虽然我没有出场，但他已经开始信任我，并且标识将围绕我搭建后防线。只有这么一次，我确信自己看到了英格兰队的前景，我能看到他想要如何去做。他有着很清晰的规划，这在 1997 年法国四国赛上就已经初露端倪。到了 1998 年，全队逐渐成型：年轻球员开始上位，我们即将步入鼎盛时期。然后，他就被解雇了。一切努力付之东流，我觉得英格兰队从此再未恢复元气。从那以后，我一直希望能有后来者继续霍德尔未竟的事业，但始终没有发生。

凯文·基冈（Kevin Keegan）在 1999 年接任，我第一时间就发现他并不欣赏我。在 2000 年欧洲杯之前，他来到我的房间，告诉我：“里奥，听我说，我不会带你去欧洲杯。你是个很出色的球员，拥有很好的未来，但我不认为你有足够的经验，而我想带更有经验的队员去。”然后他选择了加雷斯·巴里（Gareth Barry），后者比我还年轻啊！还有更荒谬的：“如果你是意大利人、巴西人或者法国人，以你的风格，估计现在已经代表国家队出场 30 次了。”我想说：“好吧，你刚才提到了世界冠军、欧洲冠军，以及世界上最棒的球队之一……但是我却连英格兰队大名单都进不了！”毋庸赘述，作为教练，凯文·基冈跟我的关系不怎么样。

在基冈任期的前后，霍华德·威尔金森执教过几场比赛，那经历简直太奇怪了。他就像个学校老师，或是军队士官。他在比赛当天的早晨把我们带到酒店隔壁的空地上演练定位球，而且他成天挂在嘴边的也只有定位球。他宣称：

“定位球可以让我们赢得比赛。”然后告诉我们有百分之多少的比赛是靠定位球决定胜负，如此这般……不好意思，我对此毫无兴趣。

与上述二人相比，斯文·戈兰·埃里克森（Sven-Göran Eriksson）似乎是一大进步。他在 2001 年上任，我当时想：“哇哦，他在意大利干得那么出色，一定是个经验丰富的儒帅，我们一定会回到格伦·霍德尔的那条道路上！”

我还记得和他的第一次会面，我热情高涨，非常兴奋。他能在我们身上施展怎样的魔力呢？然而会后，我记得自己对弗兰克·兰帕德说：“我跟过那么多教练，也就这伙计把足球说得跟吃饭睡觉一样简单！”

在和埃里克森的第一次交谈中，他对我说：“我不希望自己的中后卫过多地带球。”我不敢相信自己的耳朵。但他是英格兰队的主教练，而我希望为国效力，所以说哪怕让我舔他的鞋子我也得照做。技战术层面上，他非常缺乏想象力：“我需要你这么跑位，那么跑位，我不要中后卫带球过多。你们拿到球，就往这里传。”不过他拥有很强的人格魅力，并且非常人性化，在队内建立了很棒的氛围，让所有球员都愿意为他效力。

我觉得埃里克森有些太过敬畏大卫·贝克汉姆，说实话，他就像个贝克汉姆的粉丝。当然，话说回来，埃里克森是个好人。在埃里克森和法利亚·阿拉姆（Faria Alam）的桃色新闻曝光后不久，我记得有一次我和韦恩·鲁尼在躺着按摩，阿拉姆出现在电视屏幕上。我评论道：“你看她！你能想象吗？我打赌埃里克森在家能随意折腾她！”突然房间里一片沉寂，埃里克森站在我背后悠悠地说道：“嗯，其实，也不完全是你说的那样。”紧接着他大笑着说了声“晚安”，走出房间。所有在场的人开始狂笑，我躺在那儿想：“天啊，我做了些什么？”但这就是斯文·埃里克森：他让所有人感到放松。我很喜欢他的为人，也和他私交甚笃。技战术上来讲，他并不如我所预期，他也没有给我们带来实质的进步。但也许是我的期望值太高了。

接替埃里克森的是史蒂夫·麦克拉伦（Steve McLaren），他的执教水准远高于人们对他的评价。事实上，很难讲究竟是哪里出了问题，让我们没能进入 2008 年欧洲杯的决赛圈。在他上任伊始，我同样很兴奋，我听过很多他在曼联任职期间的好评了，埃里克森时期他也是教练组成员。我认为，他的一大问题是和球员关系过于紧密，就像哥们儿一样。一般来说，主教练和球员之间都会保持一定距离，就像我们和弗格森一样。是的，有时我们可以互开玩笑，但有一点非常明确："我是主教练，这里我说了算。"

麦克拉伦身上没有这种气质。他管约翰·特里叫"JT"，弗兰克·兰帕德是"小兰"（Lamps），还在训练时和我们一起玩两脚触球的抢圈游戏。很多球员并不觉得这是他的弱点，只是感觉有些奇怪：这些事情是助理教练该做的，而不是主帅。我所知道的顶级主帅，都会与球员保持一定的距离。

不过必须说，史蒂夫·麦克拉伦是个好人。他去荷兰执教时，曾因为在采访中模仿荷兰口音遭到大肆指责，但我不觉得这有什么不对的，反而认为这很人性化，在曼联训练时我也经常这样和国外球员说话，这是帮助他们听懂我在说什么的一种方式。如果对他们有帮助，我会放慢语速，试着模仿他们的口音。我父亲在做服装生意时要和很多土耳其人打交道，他也经常这么干："塞维拉，过来，过来，为什么你说话，过来，请过来……"这样一来他们更容易听懂。我很尊重这样的做法，这是个不错的习惯。但与此同时，主教练似乎应该更加坚决果敢才能获得成功。我还没有担任过主帅，所以无从得知。

很多人批评麦克拉伦的战术，我并不认同这种观点，但很难具体说出为什么他没有取得成功。似乎一切都在和他对着干，比如在克罗地亚，皮球在草地上不规则地跳跃，让保罗·罗宾逊一脚踢空造成乌龙，这可不能算在主教练的头上！事实是我们在预选赛中一直没有拿出很好的表现，我想球员们要负很大的责任。我们踢得不好，就这么简单。

然后就是"法比奥先生"时期了，他在 2007 年上任，我认为卡佩罗是最让我失望的一位。他带着无与伦比的名声而来，让我充满期待。他执教过我儿时钟爱的那支 AC 米兰，队内有马尔科·范·巴斯滕（Marco van Basten）、古力特和里杰卡尔德等名将。我知道他会带来先进的理念——他可是执教过皇家马德里和罗马的。他四处游历，战绩彪炳，赢得了无数荣誉。他刚来的时候，我曾和他谈论起之前与他合作过的球星们，巴雷西、马尔蒂尼等等。我对自己说："这一定会是一段很棒的时光！我会学到很多东西！他拥有无与伦比的渊博知识与经验，会给这支球队带来极大的财富。现在我们必将取得进步。"

然而……事实却令人大失所望！他要求我们踢最为刻板的标准 4-4-2 阵型，任何情况下都不允许有任何的偏离。在一场对阵西班牙队的比赛中，他排出了双中场来抗衡世界上最好的三名中场球员。我想说："大哥，足球已经进化了！这不可能！麻烦增派人手，否则我们会惨遭蹂躏！"这并不是多复杂的事情。

但我们球员又能做什么呢？在卡佩罗手下，如果你不照他说的去做，就别想上场了。同时我需要强调的是，这段时间我的状态也不好，总是被背部问题所困扰，伤病不断。你希望将自己最好的一面展现给别人，尤其是这么一位自己崇敬已久的人。但不得不说，大多数球员都感到失望，我记得杰米·卡拉格（Jamie Carragher）也很沮丧，他因为卡佩罗的到来而重新在国家队复出。我们期望的是新想法和创造力，得到的却是如同蹲监狱一般的令人窒息的气氛。

卡佩罗的态度是："我是老大，每一天的任何时候你们都必须照我说的做。"没有任何温情。他似乎觉得需要向我们展示自己有多么强硬，多么厉行纪律，有时严厉得有些荒谬。他的教练团队和球员之间有着明显的隔阂，我们尊重这一点，但有时他的做法并不明智，例如他选择队长的方式，让约翰·特里、史蒂芬·杰拉德和我轮流上岗。他让整件事情变成一场闹剧。

这其中也许有着文化差异的因素，但最主要的，我觉得他并没有与时俱进。顽固地使用 4-4-2 阵型，造成我们总是在中场陷入人数被动。一些烂队也能在我们面前自如地传球，就像世界杯上的阿尔及利亚。他们在控球方面做得比我们更好，踢得比我们更好。

我知道国内民众期待着我们在 2010 年世界杯夺冠，但这是天方夜谭。我们根本没有机会。技战术层面我们一塌糊涂，即便我们在淘汰赛第二轮过了德国这关，我们的中场球员在 1/4 决赛前也早已筋疲力尽，因为他们的跑动范围实在太大。我们从未在任何比赛中有喘息的机会，因为无论天气多么炎热，卡佩罗总是在场边大喊："紧逼！紧逼！紧逼！" 我并不反对紧逼，这是现代足球中不可或缺的部分，但时机的选择也必须更聪明一些。

必须要说的是，这支球队里的球员刚刚踢完一个艰苦的英超赛季。联赛消耗了我们大量的体能，每个人在大赛前都已是筋疲力尽。只要去看看我们的奔跑距离数据，比赛强度和比赛数量，就不难明白这些都让我们处于不利位置。即便打入杯赛八强，我们也已是强弩之末。

更糟糕的是，大多数球员都带着伤病。至少我参加的每次洲际大赛，情况都是如此。2002 年韩日世界杯，我大腿有伤，回想起来都不知道那几场自己是怎么坚持踢下来的。我对于那届世界杯的主要印象就是治疗，治疗治疗再治疗……为了赶上一场比赛，我必须接受高密度的治疗。我的确认为英超联赛比其他任何主流联赛都艰苦——而且也不像德甲那样拥有冬歇期，这对我们又是一大不利因素。

尽管如此，我们在卡佩罗时期确实应该做得更好。关于杰拉德和兰帕德不能共存的话题一直存在。我认为解决方式就是让其中一人坐板凳，或者给予他们严格的指令："这些是你的职责，那些是他的。" 但始终没有人有胆量这么做，因为他们在俱乐部中表现如此出色，也都名列欧洲最好的中场球员。

有一点卡佩罗是对的，那就是他说身披英格兰队球衣让有些球员 "压力过大"。媒体把我们吹捧为 "黄金一代"，但我们从未如此自视，顶着这样的名号成为一种负担。如果我们在大赛开始前踢出一场好球，就会立刻被看作夺冠热门。在大赛开始前我们会觉得，如果没有杀进决赛，就是彻头彻尾的失败，我们身上的压力被放大到了无以复加的地步。

我曾经在一场比赛后的球队大巴上听到队内一些老将很担忧地说："这下糟了，明天的报纸应该只会给我打 4 分。" 当时我报以大笑，但回到房间后才意识到，这话居然是从英格兰国脚的嘴里说出来的！如果球员是这样的心态，我们如何去赢得比赛？如果一个球员这么在乎报纸对他的评价，他在场上怎么可能自由地展示自己的实力？答案是否定的。与之相反，他会在场上畏手畏脚。他会想："如果我传球失误了……报纸只会给我 5 分。"于是他会选择简单保险的传球路线，这样的压力是独一无二的。作为曼联球员，你需要背负极高的期望。但在英格兰队，短暂的时间内积蓄的压力是惊人的：只会更大，更加集中。真的太紧张了。每天球员们起床，在报纸上看到国内球迷对他们的质疑——同时还在提出更高的要求。你还会听到人们的评论："他应该上场……他应该坐板凳……身披英格兰队的球衣，他就应该如此这般……"这是我们工作的一部分。我相信在巴西或者阿根廷，情况会更糟糕。你必须扛住这些压力，有些球员能做到，但有些不行。

历史也许会评价罗伊·霍奇森的最大功绩是，把人们对英格兰队的期望值降到可以接受的水平。但话说回来，低调谦逊并不是国家队应有的气质。

我和霍奇森的关系在 2012 年 10 月的那次事件后就从未回暖。当时，他在伦敦地铁上随随便便地向路人甲透露我的英格兰队生涯已经到了"穷途末路"。当此事在报纸上曝光后，他向我道歉，但这对我太不尊重了，英格兰队主教练无论如何也不该向民众透露这样的讯息。在此之后，我在本书的其他章节也提到，在我和约翰·特里的种族主义案件后，霍奇森在处理我和特里之间的关系以及我伤愈复出的时机上出现了失误。当然，如果霍奇森能够带领英格兰队取得好成绩，这些也都无所谓，但他并没有。在 2012 年欧洲杯上，我认为他没有给予年轻球员足够的上场时间，战术也过于保守。看着意大利队的安德烈·皮尔洛用一场大师级的传球表演将我们踢得支离破碎，我突然发觉，如果他是英格兰人，或许都入不了霍奇森的法眼。

在巴西世界杯上，我觉得霍奇森再次在新老搭配的平衡上出现了失误，顾此失彼。球队的防守不够坚固，尤其是他还弃用了迈克尔·卡里克和阿什利·科尔——两名经验非常丰富的球员，而且他让队长史蒂芬·杰拉德肩负了太多的责任。我宁愿他把所有信任都交给年轻球员，给他们更多的宝贵机会。

说到底，我们没能建立一套先进而聪颖的全新英格兰足球风格，因而荒废了一两代人。格伦·霍德尔之后，我们历经 8 任英格兰主帅，却仍然觉得潜能没有被发掘。无论是作为个人还是整体，我们都不够出色，我们从未培养出足够的天才球员，也从未给现有的球员找到正确的化学反应公式。最让人沮丧的是，相比 16 年前我首次出征世界杯，我们似乎距离成功越来越远。

第七章　莫斯科，2008年5月21日

* * *

向左扑

向左扑

向左

在点球大战的视频里，你可以看到所有曼联球员都站在球场中线，互相把手臂搭在队友的肩膀上。我的手臂搭在了迈克尔·卡里克的肩头，但你不知道的是，我搭着他其实是为了支撑自己不要倒下。当瑞恩·吉格斯走上前主罚第七个点球时，我的双腿已经僵硬，我感到一阵恶心。接下来第八个点球的主罚者是我，但我头脑中唯一的念头是："千万别轮到我，千万不要。"

点球大战的过程和比赛一样焦灼。克里斯蒂亚诺·罗纳尔多——我们在欧冠中表现最出色的球员——在助跑时出现犹豫，最终罚失。几球之后，约翰·特里有机会为切尔西赢得比赛，但脚下一滑，眼看着球击中立柱，瘫坐在湿滑的草地上，他的背影看起来就像整个人对折起来一样。其他人都把点球罚入：欧文·哈格里大斯　脚命中死角，真漂亮。特维斯也罚进，还有纳尼和安德森。对于后两位年轻的球员来说，在冠军联赛决赛主罚点球，的确需要极大的勇气。现在轮到吉格斯，助跑……球进了！漂亮！只不过，下一个就是我了，我真的不确定能不能迈开双腿。在我之前，阿内尔卡（Anelka）上前主罚切尔西的第七个点球，他必须罚进。在视频里，你能看到我在告诉我们的门将埃德温·范德萨扑向自己的左侧，我一边打着手势，一边尖叫着："向左扑！向左扑！向左！"

阿内尔卡开始助跑。

范德萨扑向右侧。

那一晚，我们不仅浸泡在瓢泼大雨里，同时也浸淫在历史的长河中。距离曼联上一次夺得欧冠已经 9 年，距离另一次问鼎也已过了 40 年，距离慕尼黑空难 50 年，巴斯比的男孩们为了这座奖杯付出了自己的生命。我根本不敢去想象输掉这场比赛的后果。

这场在俄罗斯举行的决赛是一场"英格兰内战"，我们是全欧洲最好的两支球队，所以，这样的对阵也是合情合理的。双方实力不分伯仲，但过去几年的直接交锋中，他们的成绩更占优势。每次我看到迪迪埃·德罗巴（Didier Drogba）踢球，他都处于一种无人可挡的状态，但总的来说，他在和我们的比赛中并无太大建树。然而今晚，他给了维达①一巴掌，被直接罚下。

上半场比赛我们踢得更出色，下半场则是切尔西踢得更好，最终双方战成 1：1。我们绝对不能输掉这场比赛，否则就别想过耳根清净的日子了。两天后英格兰队就将集合，我能想象到约翰·特里、阿什利·科尔、弗兰克·兰帕德和乔·科尔脖子上挂着欧冠冠军奖牌的样子，这我可受不了。

阿内尔卡助跑，射门……范德萨扑向右侧。

言语真的已经无法表达我在意识到范德萨扑出点球那一瞬间的感受。如果

① 维达（Vida），维迪奇的昵称。

能把那一刻的情绪装进瓶子里出售，也许我现在会像苹果公司老板那么富有。那种感觉无法形容，绝对是人生中的巅峰时刻，是我在足球场上感觉最棒的时刻。这种情景如同梦幻一般，而且也许不再会有第二次。我尖叫着冲向范德萨，跳向每一个人的怀里。真的不知道该拥抱谁，亲吻谁，或者和谁一起流泪。

接下来是绕场庆祝时间。我的家人在哪儿呢？我的父母、弟弟安东，还有好哥们加文、雷和洛伦兹都在现场，我想见到每一个人，心里真是感慨万千。

然后，我和官员们站在一起，看着切尔西登台领取亚军奖牌。我与好友特里、阿什利·科尔握手（当时我们还是哥们儿），并祝他们好运。

猛然间，我意识到自己是队长，很快就将举起冠军奖杯。我简直不敢相信——这是其他人才能做到的事情！我看到博比·查尔顿爵士（Sir Bobby Charlton）站在楼梯前，我们跟随他走向那座银光闪闪的大奖杯……我的眼睛湿润了，无法自已。维达看到我这副模样，说道："里奥，哥们儿，别哭，别哭了行吗？"

他让我的情绪稍微平缓下来，我摇了摇头，我不能哭，不能情绪失控。我远远地看到妈妈跨过一排排座椅，冲到前面好让我能看到她。她不顾一切地拨开人群，跨过座椅，大声呼唤着："里奥！里——奥！里——奥！"

我的情绪又失控了，几乎马上就要哭出声来。维达又靠了过来："里奥，哥们儿，别哭，千万别哭。"这下我彻底缓过来了，收拾好心情。

在我举起奖杯前，博比·查尔顿爵士把我拉过去，握住我的手说："多么美妙的夜晚！你会永远记得这一天，就像我永远记得自己夺得欧冠的那天。你做得很棒，现在，尽情享受吧！"

俱乐部秘书问我："你能和吉格斯一起举杯吗？"

"当然没问题，只要我的手能触碰到奖杯，其他的我都不管！"

于是我们俩一起举起了奖杯，那种感觉太棒了。

随后的庆祝派对上，我绝对是激情四射——也许这是我这辈子喝得最多的一次。当时有传闻说卡洛斯·奎罗斯要离队，于是我逮住他说："卡洛斯，哥们儿，你可不能抛下我们去皇家马德里！"

"我不能错失这样的机会。"他回答说。

"噢，不！开什么玩笑！我们刚刚赢下欧冠好吗！"我叫嚷道。

我和罗纳尔多之间也有同样的对话，因为当时也有很多关于他的传言。"你可不能走啊！别走！我们要再次赢下这玩意儿，你必须留下！"

比赛是在英国时间的晚上进行的，但在莫斯科，当我们回到酒店时已经是凌晨一两点，能找到的食物只有早餐。庆功晚宴的菜单上只有香肠、土司、鸡蛋和培根，于是我们决定放弃食物，直奔酒吧。

在酒吧，随便谁给我任何能喝的东西，我都一饮而尽。每个人都在和奖杯合影，我仍然不敢相信我们夺冠的事实。那儿有个伙计（我很希望能够再次见到他），他和其他 5 个球迷坐在一起。他说："你们这帮球员，跟姑娘似的，哪儿会喝酒。"

"行啊，"我说，"我俩单挑，你一杯我一杯，走着瞧。"

我迅速灌下六大杯，而他在第三杯就举手投降了："好了，我服输！我退出！"

但作为酒神的我完全没有停下的意思，我接管了 DJ 的工作，像个疯子一样狂舞。然后我老爸突然出现说："里奥，你一小时后就得出发了，赶快去洗漱更衣。"

"什么？你说什么呢？"

他把我拉回房间。"老爸，我要换航班，你必须得给我订另一张机票，我不和球队一起回去。"我已经醉到这个地步。

"现在我要去睡了，一会儿醒不了。"

"给我去洗澡。"爸爸把我推进浴室，打开水龙头。5 分钟后他回到浴室，发现我穿着衣服站在花洒下。

“爸爸，给我重新订航班，我现在不走了。”

最后，他居然还是把我收拾妥当，穿上衣服，弄出房间，我完全不记得他是怎么做到的。在大巴上，我依然在发酒疯，唱个不停，队友们笑得眼泪都出来了。

几小时后，包括我在内的新科欧洲冠军们降落在曼彻斯特，我们可不仅仅是欧洲冠军——我们还夺得了联赛桂冠，这样的双冠王比赢得联赛和足总杯更加有价值。弗爵爷不愧是大佬，为了庆祝这一伟大时刻，他确保我们随行一直带着英超冠军奖杯。

我们在走下飞机的楼梯上合影留念，我手里捧着英超奖杯，而吉格斯则拿着欧冠奖杯，弗爵爷站在我们中间。

我非常珍爱这张照片。

第八章　亚历克斯·弗格森爵士

* * *

思路清晰

充满活力

以前，我没有完全意识到亚历克斯·弗格森爵士究竟有多么杰出。都说“失去才懂得珍惜”，不是吗？我们曾认为弗爵爷的存在是理所当然的，但现在我终于看明白他是怎样的一个天才。像路易斯·范加尔这样的教练经常提及他们的“哲学”，弗格森没有如此华丽的辞藻，但我们在他的执教下踢出了充满攻击性且能赢得比赛的足球。经常有人问我，他成功的“秘诀”是什么。答案并非任何一个独立的方面，而是许多因素综合而成。他是一位心理学大师，懂得如何发掘每位球员的最大潜能，创造了一种无往不胜的王者之气。

他的一大主张就是给予我们表达自我个性的自由。在大多数赛前动员演讲的最后，他会说：“现在，去球场上享受足球吧！”这时，他绝不会说“你得这么干、必须那么做”，因为这会抹杀球员的创造力。他给予球员足够的信心去尝试新的东西，如果你因此犯错，他不会在意，只要你尝试的是正确的东西。他总能在纪律性和自由发挥空间之间找到平衡；但与此同时，进攻足球的传统在曼联根深蒂固，每名球员都必须主动去适应。

迪米塔尔·贝尔巴托夫（Dimitar Berbatov）是一个反例，他没能够适应，或者说他不想去适应。单论技术能力，贝巴绝对是我见过的最出色的球员之一，他的确才华横溢。然而他希望我们踢出巴塞罗那式的“快速传控、高位逼抢足球”（tiki-taka），我与他对此也有过争论。我说：“如果你想踢那种足球，去巴塞罗那算了。”他希望曼联能够为他做出调整，就像热刺和保加利亚国家队所做的那样，但曼联是绝不会为哪个球员去改变的。

弗格森给予我们强烈的取胜欲望、积极的工作态度，以及在场上发挥想象力的机会。他的这些闪光点影响到了每一个人。他让我们在比赛时毫无压力、无所畏惧。如果遇到什么问题——我们输球了或者是裁判出错——他总是能够想办法让我们摆脱压力，要么主动利用媒体引起争论，要么在其他人身上找到可以争吵的话题。这样一来，人们的注意力就不会聚焦在我们在比赛中出现的错误上。我认为何塞·穆里尼奥（Jose Mourinho）从中获益匪浅——一名主教练必须懂得利用媒体。但当我们回到训练场时，弗格森不会忘记比赛中的失误。需要的时候，他不会轻易放过我们。但是，没有任何记者会听到风声。

从心理学的角度来说，弗格森非常了解如何一击即中，让每个人发挥出最大潜能。他居然成功地让我一直想着在他面前证明自己。他表扬我的次数用一只手都数得过来。他知道，如果总是表扬我，也许我会得意忘形。我可能不会表现出来，但内心却会想着：我太牛了！与之相反，他甚至总是让我觉得他根本看不上我的表现。他总在媒体前谈论其他球员，却从来没有关于我的只言片语。然而，通过读他的自传，以及观看他退休后接受的采访，我意识到这是他管理方式中的一部分。他察觉到我性格中的一些弱点，而这些是他不希望看到的。

有一次，我们坐大巴去纽卡斯尔打客场，当时克雷格·贝拉米风头正劲。弗爵爷走过我身边，敲了敲我的脑门说：“贝拉米那家伙告诉马克·休斯他会把你击垮。他认定自己速度比你快，以你现在的实力再也无法阻挡他了。”我坐在那儿心想：这个臭不要脸的混蛋。于是我在球场上让他无地自容——整场比赛他没有觅得任何机会。在回程大巴上，我对弗爵爷说："去问问马克 · 休斯，贝拉米现在还能怎么说。"这就是弗爵爷的高明之处：他会在不经意间戳到你的痛处，激发你的斗志。

每个人需要不同的激励方式。当纳尼有些骄傲自满时，弗爵爷会重重地打击他。但更多的时候，弗爵爷会称赞道："今天纳尼的表现太让人难以置信了。继续把球交给他，照我说的做！"因为，进攻球员，尤其是边锋，都很倚仗自信心。"把球传给安东尼奥（瓦伦西亚），他状态正佳！"

在罗宾 · 范佩西加盟曼联的第一个赛季，弗爵爷的杰作之一便是在大约十场比赛后就召集大家开会。整个会议只有一个内容：把球传给范佩西。"你们看看！他这么多精妙的跑位，你们怎么可能都看不到？你们这些家伙是不是水平不够啊？是不是要我再去找来几个能给范佩西传球的人才行？只要把球传给他，他会进球如麻。鲁尼，你拿到球后，就直接找他……斯科尔斯、卡里克，你们也一样……里奥，注意观察他的跑位……"

现在回想起来，开什么玩笑，我们当然能看到他的跑位。但是弗爵爷就是要强调这一点，于是，大家的精力会更加集中，并形成一种习惯。他知道，只要能给罗宾制造机会，后者就能进球。而如果罗宾能不断进球，我们就能拿到联赛冠军。后来的事实证明了一切。

在赛前的备战中，所有一切都是为了让我们保持最佳的身体状态和积极专注的心态。重点在于以我们为主。我们不会花太多时间来研究如何限制对手，弗格森只会告诉我们几个要点。例如对阵阿森纳，我们一般会加强身体对抗，用力量和奔跑压倒他们，然后展开快速反击。他绝对不会把焦点放在对方任何一名球员身上，而是会说："确保你跟住他们的穿插跑位。如果他们做二过一撞墙配合，切记跟住无球跑位的那个人。"就这么简单明了。这是个很小的细节，却非常重要。因为阿森纳的主要套路就是在禁区附近不停地做撞墙配合，然后依靠无球队员的跑位制造机会。于是，我们的结论就是：跟住无球跑位的那个人。

另外，他会要求我们盯死阿森纳的传球枢纽球员。很长一段时间内，这个人是法布雷加斯，之后是阿尔特塔。弗爵爷会说：“不要让他有任何拿球的时间。贴上去，撞翻他。压制他们。我们的速度更快，身体更加强壮，一定要踢得有侵略性……”阿森纳很不适应这种风格，我们几乎每次都能获胜。

他的另一个看家本领是，通过痛骂个别球员来对全队施加影响。他从不容忍任何球员骄傲自大。我们在里斯本和本菲卡的那场比赛，克里斯蒂亚诺·罗纳尔多似乎想要向葡萄牙的家乡父老证明自己为什么能效力曼联。比赛成了他的个人秀。他百般试图炫耀自己的技术，但全都无功而返。我们输掉了比赛，赛后，弗爵爷把他骂了个狗血淋头：“你是一个人在踢比赛吗？你以为你是谁啊？”弗格森有这样的勇气。他知道当时的罗纳尔多是我们的关键先生。如果我们想取得成功，那么，罗纳尔多必须在最佳状态。很多主教练也许不敢得罪他。我从来没见过任何一位英格兰队主教练这样痛斥贝克汉姆、杰拉德、兰帕德或者鲁尼。但弗格森可不管你是谁。就算你是球队的台柱子，他也会为了球队利益把你骂得灰头土脸。

我记得那场比赛后，罗纳尔多在更衣室里情绪很激动。他知道自己踢得很烂，而且被弗格森骂过后很沮丧。球队里其他人的反应也很有意思。有的人会觉得：“只要不是我挨骂就万事大吉。”现在回头看，我明白了这是弗格森在向全队表明：不管你是谁，都必须为了球队利益去踢球。

与此同时，弗格森也非常善于观察球员的性格特点，像贝尔巴托夫这样的个性可是受不了上面那种手段的。他是个身高 1 米 88 的魁梧大个儿，但以他的个性，如果被痛骂一顿，会把自己藏起来根本不愿意再踢球了。与之相反，罗纳尔多会把它转化为动力：“行啊，我就证明给你看！”

有时，我们在比赛中的表现有些平淡，但弗爵爷又找不到发火的理由，于是他会去找一些琐碎的小细节。比如加里·内维尔一不留神停球失误，送给对方一个界外球。等我们回到更衣室，弗格森就会拿他开刀：“你在顶级联赛里踢了 15 年了，连个球都停不好吗？” 或者他会找吉格斯的麻烦：“你这半场丢球太多了。” 其实吉格斯的丢球次数也许根本不比其他人多，但因为他是最有经验的球员，于是其他人会想：“下一个遭殃的有可能就是我，我最好还是好好表现。” 就算是我，有时也得被他数落：“你最好给我调整下状态，你连一次争顶都没赢过！” 我会回应说：“慢着，四次争顶，我明明就赢下三次。剩下那一次我知道门将就在我身后，所以才放过去。你绝对搞错了。” 但他嘴上总是会不依不饶：“是吗，那我们明天看录像。你照我说的去做就行了。”

我和他的关系也是起起伏伏。我有时性子很烈，直言不讳，给自己带来不少麻烦。2010 年我们在欧冠 1/4 决赛中客场迎战拜仁慕尼黑。弗爵爷一直反复强调，在欧战中取得客场进球 1：0 小胜是很好的结果。这意味着第二回合中，对手往往需要在我们的主场打进三球才能成功逆转。那场比赛中我们取得 1：0 领先，随后，鲁尼因伤下场，弗爵爷换上贝尔巴托夫，希望继续进攻，锁定胜局。我在场上向他挥舞着手臂：“你这是在干吗？这不是我们一直以来的做法啊。” 随后拜仁进了两个运气球。其中一个是折射，另一个发生在终场前，德国人最终 2：1 获胜。我在场上破口大骂，走进球员通道时依然忿忿不平。我觉得战术安排完全背离了他之前所制定的战术，完全无法理解。我大声地抱怨：“我们为什么要换战术？我们就是因为这个才输球的！”

当我回到更衣室，很显然他听到了我的话。加里 · 内维尔试图让我冷静下来。我一进门就看到弗爵爷站在更衣室中央等着我。他直接爆发了：“你以为自己是谁？” 等我坐下之后，他站在我面前继续咆哮：“这里我说了算。我才是主教练。不要再质疑我和我的团队。”

我回敬说：“是你让我们一直坚持一种踢法的，是你自己改变的。”

“那是两个运气球，” 他凑到我的面前继续怒吼，“他们本来已经崩溃了，我们应该解决战斗。他们完全没有招架之功，是你们没把握住机会。”

加里 · 内维尔在一旁劝我说：“里奥，冷静。别说了，别再说了。” 但弗爵爷总是拥有最终开火权：“你完蛋了。” 我忘了他还说了些什么，总之就是一连串的脏话。

加里·内维尔完全想不通我为什么要还嘴。之后他问我："有这个必要吗？你知道你是不可能争得过他的。"我坐在那儿，心里想：总得有人站出来说几句。但为什么是我呢？其实你们心里都是这么想的。

在回程的飞机上我依然在思考，晚上回到家后也睡不着。这件事情在我的头脑里挥之不去。也许我当时应该忍气吞声，等到稍晚，也许到机场，私下里再用一种更平静的方式来讲出我的想法。我在所有人面前直抒胸臆，事情才会闹大。于是第二天我起得很早，八点半就赶到训练场，直奔他的办公室。我敲了敲门，他抬头看了我一眼："进来吧。有什么事？"

"我想说对不起。也许我应该另找时间来和你交流。输球后的情绪让我失控，也许我有点过分了。"

结果他又爆发了！丝毫不给我喘息的机会："你以为自己是谁啊？这已经不是你第一次质疑我的战术了①。"

我想说的是："如果你需要的是一个坐在那儿平静地接受每一场失利的人，恐怕我无法胜任。"当然，这些他完全听不进去。

这就是我们之间关系的真实写照。事实上，这可能也是我和他能够相处的原因。我们有过争吵，但我觉得最终他明白我不是为了一己之利才这么做，而是为了球队的利益。有时我做得太过分，需要他提醒我谁才是头儿。但我一直坚持，如果是我做错，我一定会道歉。我觉得他的心态是，绝对不能让一个球员爬到自己头上。这是他的领导方式。但我认为自己赢得了他的尊重。当然，有时我会对自己说："行啊，我要证明给这个老头看，他是错的。我会证明给他看的。"这就是弗格森最天才的地方：他让你想要在他面前证明一些东西。我不是在批评他。这是他的工作方式，而且我觉得他这么做是对的。我一直都很尊敬他所做的一切。

---

① 指2009年在罗马的欧冠决赛中输给巴塞罗那。

还有很重要的一点，无论多么困难的情况下，他都会支持自己的球员。这很关键。包括帕特里斯·埃弗拉和路易斯·苏亚雷斯的事件，约翰·特里和我弟弟之间的冲突。在我错过药检的风波中，他给予了我全力支持——他为我做了人格担保，对我赞赏有加。这是弗格森成为最成功的主教练的一大要素：只要他相信自己的球员做得对，就会支持到底。球员们信任他，并愿意在球场上为他而战。

弗格森总会做出一些出其不意的事情，确保球员们脚踏实地。在我刚刚加盟曼联，在一场对阵拥有新星卡洛斯·特维斯的博卡青年的友谊赛的首秀时，我弄伤了自己的脚踝。

在接下来的 5 个周末中，当时只有 23 岁的我过度沉迷于曼彻斯特著名的夜生活中。第五周的某一天，弗爵爷在训练场上把我叫过去问道："年轻人，你感觉怎么样了？还喜欢曼彻斯特吗？适应得还行吗？"我很紧张，因为对面站着的可是亚历克斯·弗格森爵士。"嗯，是的，老板……呃……头儿……我还行。我就是去了些餐馆，慢慢适应新生活。"他很平静地说："你的新生活里也包括糖果盒子和布拉辛加门斯①吗？"那是曼彻斯特最有名的两家夜总会，我的脸涨得通红，手足无措。他对我使了个眼色："年轻人，我可是无所不知的，所以在这儿给你提个醒。现在去训练吧。"我的两腿都在发抖！我的新老板——伟大的弗格森爵士——知道我在混夜店。"他会把我卖走吗？他还会不会让我上场啊？"此后，他再也没提起过这件事情，但这的确给我了一个教训。有一天，我们对阵博尔顿，上半场就 2：0 领先。那可是最难打的客场之一，但也是我所经历的球队踢得最好的半场之一，大家都很开心地回到更衣室。紧接着弗爵爷走进来，重重地把门摔上，开始发飙："你们最好给我找到状态！太丢人了！上半场至少该踢他们个 6：0 或者 7：0！最后的冠军很可能会由净胜球决定，你们给我多进几个球！"接下来他开始逐个找茬："你错

① Sugar Lounge 和 Brasingamens 都是曼彻斯特有名的夜总会。

过了几个机会……你传球太随意了……”所有球员都惊呆了。等他走出更衣室，大家面面相觑：“他到底有没有看比赛啊？我们状态火热，好得难以置信啊。”我记得下半场我们再进两球。赛后他承认说自己只是想确保我们下半场不要过于松懈，同时，不能只看着眼前的比赛，我们的目标是在赛季末拿下联赛冠军。

他非常重视的另一要点是集中注意力。“你们都要集中注意力，尤其是后卫们。”他从来不会把对手描述得过于强大，所以，我们绝不会在上场前心里犯嘀咕：“对面这些家伙太厉害了，我们没机会的。”他的做法恰好相反：“这是我见过的最烂的一支利物浦队，再没有比现在战胜他们更好的时机了。”史蒂文·杰拉德在对阵我们的时候有过几场出色的发挥，但我们极少让他统治比赛。那是因为弗爵爷知道他是利物浦最有威胁的球员，我们必须抑制他的威胁。面对弗兰克·兰帕德时，弗格森会说：“他前插时你们必须有人跟着，因为他的进球能力很强。”或者是：“别害怕迪迪埃·德罗巴。如果让我看见德罗巴轻松拿球，压制住你们中的任何一个人，我可警告你们……”

我认为最重要的一点是，他从来不会给我们灌输太多的细节，而是一些关键点，以及毫无疑问我们一定会取胜的信念。如果你带着清晰的思路登场，那么你在比赛中的执行力就会更强。思路清晰，充满活力，这就是他带给我们的。事实上，足球并没有人们有时描述的那么复杂。赢下每一次单人对抗，保持球队阵型紧凑，比对手付出更多的努力，在前场和本方禁区内更加坚决果断。如果做到以上这些，就有很大机会赢下比赛。人们喜欢渲染赢得比赛的独门秘笈。但这其实很简单：别把事情弄得太复杂，给球员更多发挥的空间。主教练自然不好当，但人们经常把简单问题复杂化。不要误会，技战术当然重要。但有的时候，比赛中的很多东西是水到渠成的。

如今回头看，有一个瞬间让我感到无比快乐。2013 年 5 月 12 日的老特拉福德球场，我在对阵斯旺西的比赛中打入制胜一球。那脚凌空抽射打得太棒了，但我承认当时并没有意识到这个进球的重要性。回到更衣室，坐在我隔壁的内曼亚・维迪奇一直满面笑容地看着我。我问他：“怎么了？”他说：“大哥，你不知道吗？你刚刚打进的这球可是弗格森作为曼联主帅在主场的最后一个进球啊。”说实话我真没想到这事，之前只是因为进球和取胜而开心。但维迪奇的话让我心里一震。此后的很长一段时间里，我的脸上都挂着一副大大的笑容。

第九章　羚羊

* * *

我们只要自己停好车

在英格兰，足球教练和主帅们发号施令，球员们照单执行，我们把这当作理所当然的事情。在弗格森手下踢球绝对如此，他侃侃而谈，我们静静倾听，把他所说的当作真理。我们被告知具体该做什么，信任主教练在很多事情上的判断，然后照他说的去做——事情就是这样。但在其他运动项目中，情况可能完全不同。我曾和英格兰橄榄球名将安迪·法雷尔聊过，他所说的让我惊讶不已。简单来讲，他们在开队会讨论战术时，是由球员们来做主导，教练们会参与发言，但真正主导会议的是球员，每个人都各抒己见，然后由球员和教练们一起决定比赛的战术安排。

反之，在足球圈，我们都习惯了由教练决定战术、球员坚决执行的传统。我并非要说哪种方式更好，但这种差别的确很有意思。我习惯于服从安排，对此并无非议，但我也希望有机会在不被视作消极行为的情况下，说出自己的想法。一名球员站出来提出自己的观点往往会招致不悦，那是我们的成长环境使然，并不是对任何一名球员的偏见——这只是约定俗成的习惯。我效力过的所有球队都是如此，包括英格兰队。足球运动员们向来习惯如此，所以我们也从未就此提出质疑，习惯成自然。我们当然可以有自己的观点，但每个人都很清楚主教练才是最终拍板的人。但在橄榄球圈，如果球员在某方面有自己的想法，会被拿来详尽讨论，得到更多的重视，他们拥有更多的发言权。

外人看起来也许有些奇怪，但你必须明白，很多时候足球运动员被当作小朋友来对待。从 A 地到 B 地，我们总是被无微不至地照顾。比如去机场时，我们根本不用管任何事情，只需要跟着安保人员，自然有人告诉我们该做什么，我们就像是一群受伤的羚羊，我们当中没人知道正在去往哪里或者将要去做什么，只是跟着大部队行动，所有事情都已经被安排妥当——就这么简单。每一个环节我们都会被告知要做些什么，唯一要我们自己去做的，就是确保准时准点赶到集合的地方。一旦我们赶到集合点，停好车，接下来的一切细枝末节都由俱乐部来负责——绝对面面俱到。

这么做是有原因的——这样我们可以把所有精力集中在足球比赛上，但同时我们被像婴儿一样对待。总会有负面影响：一旦球员离开了这个环境，有些人就无法承受，因为他们已经习惯被人捧在掌心，得到无微不至的照顾。

但也许这也是更加有效的管理模式。有时，一支球队里会出现几个不和谐因素制造者，破坏整支球队的氛围。也有主教练放权，由球员掌控大局，也能取得成功的例子。但在足球圈，如果主教练不具备领导力，球员们终究是无法取得成功的。我的心得是：有些球员可以是场上的决断者，但如果主教练具备足够的领导力，球队就会更为成功。偶尔会有反其道而行之的球队，但从长远来看，我认为一个领袖是绝对必要的，担任这个角色的就是主帅。有些人认为主教练的角色无足轻重，比赛胜负主要靠场上的球员来决定，主教练的主要职能是成绩不好时被当作替罪羊，然后被解雇。我觉得两者兼有。

以我的经验，主教练如何从心理层面来建设他的球队是至关重要的。在球场上，主教练将依靠球员们来执行他的安排和布置。心理层面的重要性是巨大的。

第十章　平衡感

* * *

你真的练过芭蕾？

我从来不会因为他人的偏见而自我束缚。在我长大的那片小区，还有谁练过体操吗？没有。但我很喜欢体操，于是开始训练，也因此得到了其他的发展可能性。有人看到我在伦敦萨瑟克地区的体操训练后，觉得我有潜质成为一名舞者，他们向我提供了一间芭蕾学校的 5 年奖学金，地点在位于伦敦另一端的法灵顿。

当时，家中没有足够的钱让我往返于学校和位于佩克曼的家，那是段开销不菲的漫长旅程，途中还得跨过泰晤士河。于是我的母亲经常为我做募捐，她组织了一些小型慈善活动来为我和其他两个男孩募集资金。于是最终我能够每周成行，感觉棒极了。最初，我去训练的原因是那儿有很多女孩，还能认识很多不同的人——那更像是一种探险。我非常享受最初两三年的时光，但接下来就慢慢变成了负担，最终，我失去了兴趣。但我仍然坚持去训练，因为我的父母为此付出了太多。

我觉得从长远来看，我没有成为舞蹈演员的资质，但我觉得自己能在表演艺术方面有所成就，也许能当个演员——我对这类事情一直很感兴趣。但想成为一名芭蕾舞者真的很难，他们说我的韧带不够长，无法成为职业芭蕾舞者，但这段经历让我在平衡感和柔韧性上打下了很好的基础，我坚信这让我之后踢球时做动作更加自如。很多人没有意识到芭蕾对身体素质的要求有多高，如果你看过电影《舞动人生》[①]，就知道很多人对芭蕾有成见，但舞者必须至少付出和球员一样的努力，也许更多。我就遭到过很多愚蠢的评论，有些人觉得奇怪，“你真的练过芭蕾？”最初，我没有公之于众，因为那时我还年轻，不知道人们对这件事会如何评论，我并非害怕尴尬，只是不想去回应人们的疑问。

但我很释然，我告诉了几个密友，他们从未多说什么，在此之后我也无所谓了。我在学生时代是个很闹腾的人，在朋友中也颇受欢迎，所以，没有人因为这个向我施压或者找我麻烦，也许不像我这么外向的人会遇到更多的麻烦。其实这不该是个问题，不是吗？但社会现实就是如此。

经常有人评论我在足球场上的移动与常人略有不同，亚历克斯·弗格森在他的自传中用“优雅而富平衡感”来形容我。小时候我就不喜欢传统英式足球的横冲直撞，也许是因为我当时踢的是中场，而且与其他后卫不同，我更喜欢钻研进攻技巧，而不是充满血性的防守。我不喜欢争抢头球或者大动作的铲球，反而更喜欢耍弄技术、进球、完成精妙传球。

我在场上的很多动作也许来源于早期经历的体操和芭蕾的训练。可以肯定的是，我从未因为想让自己看上去更酷而刻意改变自己的踢球方式，这一切对我来说都是与生俱来的，也许只是因为我走运。但我想芭蕾的确有所帮助：与其他球员相比，它让我更加了解自己的身体机能。

---

① *Billy Elliot*，又译作《跳出我天地》，2000 年上映。

第十一章　巴萨

* * *

如果我不上抢就会陷入麻烦

如果我上抢会陷入更大的麻烦

我们两次在冠军联赛决赛输给巴塞罗那，我至今仍然会做噩梦。2009 年在罗马和 2011 年在温布利，那两场比赛的过程非常相似，以至于在我的脑海中模糊地形成了一个痛苦的阴影。我们两次都以英格兰冠军和欧洲最顶尖球队之一的身份出战，但两次都被彻底摧毁。那两场比赛后，我在度假时都已经记不起几周前我们刚刚拿了联赛冠军。联赛夺冠是个伟大的成就，但我脑海里，唯一能想到的就是巴塞罗那把我们踢得七零八落。是我的责任吗？我们是不是本应做得更好？这些随时都会在我脑海中闪现。有一次，我躺在沙滩上，听着海浪声，享受日光浴，刚刚打开了一瓶冰镇啤酒，我正在和家人一起享受一个完美的假期，然后……嘣！突然间，巴塞罗那球员欢庆的景象浮现在我眼前，比赛画面开始像电影一样在我的脑海里反复播放。我坐在那儿心想：拜托，赶快从我脑袋里消失吧！

一般来说，失利留给我的记忆要比赢球更加清晰，相比我们夺得的奖杯，我想得更多的是失去的那些，而这两场比赛比其他任何失利更加让我久久不能释怀。我们不仅被击败，而且输得非常狼狈难堪，这样的情况之前从未在我们身上发生，之后也再未有过。别误会我的意思，巴塞罗那是我交手过的最棒的球队，这支球队拥有着几位足球史上最出色的球员。但我仍然相信，在那两场决赛中我们本应拿下一场。如果我们采用不同的战术，我想我们应当可以做到。

在第一场比赛后，我记得主教练在更衣室里对我们说："听着，今天你们输给了一支更好的球队，你们没有拿出应有的表现，没有踢出自己的水准。"他狠狠地批评了我们，这是意料之中的，然后他说："明年 5 月我们必须回到这里，痛击那帮家伙。因为他们肯定会再次杀进决赛，我们必须再次跟他们碰面。"我们知道该做什么，我们要杀回来，纠正这次犯下的错误。两年后，两支球队再度聚首，我们仍然没能纠正错误，但至少我们杀了回来，我觉得不会有太多球队能够在如此短时间内恢复元气。

你们应该记得在罗马的那场比赛，巴塞罗那 2：0 取胜，但你们可能不记得，赛前，我们是更被看好的一方。当时我们是欧冠卫冕冠军，而巴萨在 2006 年夺冠后已经有了很大的变化：主教练弗兰克·里杰卡尔德已经离开；最出名的几名球星，像罗纳尔迪尼奥（Ronaldinho）和德科（Deco）也已离队，一支全新的球队在新任主帅佩普·瓜迪奥拉的率领下正在崛起。

那是一支逐步成型的球队。前一个赛季，我们在半决赛中淘汰了他们，但我们绝对没有因此轻视对手。在比赛的前十分钟，我们采用了前场高位逼抢、快速进攻的策略，看起来效果不错。如果我们能抓住开场后的几次机会，比赛进程也许会不同。罗纳尔多有过一个机会，朴智星的射门被皮克在门线上解围。紧接着萨穆埃尔·埃托奥（Samuel Eto'o）破门，此后比赛就变成一边倒的态势。他们踢着现在我们耳熟能详的 tiki-taka 足球，而我们则漏洞百出，跟在他们身后被牵着鼻子走。

那晚的巴塞罗那队最让我们泄气的是他们在控球时的自信，他们拥有塞尔吉奥·布斯克茨（Sergio Busquets）、哈维·埃尔南德斯和安德烈斯·伊涅斯塔这三位最佳中场球员，他们技术出众，用传控球让我们窒息。但他们从不为了传球而传球，每一步都有着更深层次的目的。当时正在逐步成为世界上最好球员的莱昂内尔·梅西（Lionel Messi）在“假中锋”的位置上让我们无所适从，而两个边锋蒂埃里·亨利和埃托奥则在边路压得很靠上，拉开空当。由于我们希望占据主动，反而陷入了意图压上却又不得不跟防对方插上球员的窘境。怎样才是对付梅西的最好方法？他回撤得很深，如果我跟着他跑，就会留下空当给对方中场和边锋可乘之机。应该留守还是跟出去？我从来没有得到过答案。空当就此出现，梅西很好地利用了我们中后场两条线之间的空间。

我认为，在备战过程中我们存在的一个问题是，弗爵爷认为巴塞罗那和阿森纳类似。这两支球队都偏向进攻，拥有技术细腻的中场球员进行传导球。我们在半决赛中痛击了阿森纳，尤其是客场 4：1 重创他们的比赛，感觉像是成人和小孩间的较量。我想，也许这场胜利让我们有些得意忘形，我们没有意识到巴塞罗那要强出太多。后者的战术更有组织，他们所做的一切背后都有着明确的足球哲学，他们比阿森纳高出了几个档次。不幸的是，我们在决赛当晚才发现这件事情。

回过头来看，真正让人心痛的是，我们并没有发挥出自己的长处。在过往几年里，我们在冠军联赛里面对劲敌时练就的那套打法更加倾向于防守反击，而不是主动进攻，我觉得我们本应用这套打法来对付巴塞罗那。2010 年，何塞·穆里尼奥的国际米兰就是用防守反击击败了巴塞罗那，我觉得我们比那支国际米兰更加强大，我们从不使用“摆大巴”战术，也不会回收得太深。但我们擅长站住位置，保持良好的 4-4-2 队形，化解对方的进攻，然后快速反击。我们的战术有两条重要的原则：中后场之间不要留出空当。当我们拿到球权，弗爵爷总是要求我们快速把球交给极具威胁的前场球员。

这才是我们惯常的打法，我们拥有可以完美执行这套战术的球员。我们的后防线稳固而强大，前场反击锐利，把握机会能力强。拥有克里斯蒂亚诺·罗纳尔多、韦恩·鲁尼、卡洛斯·特维斯这样的前场组合，我们屡创佳绩。在我们的鼎盛时期，如果有球队做客老特拉福德时胆敢排出双前锋和双后腰阵型，我们早已是摩拳擦掌："哇，这场比赛踢出多高的比分都有可能啊，也许是4：0或者5：0。他们怎么敢在老特拉福德这么轻视我们？得给他们点儿颜色。"

2011年，在温布利大球场的决赛，我们本应纠正在罗马发生的一切，结局却更加糟糕。我们在赛前有两周的备战时间，弗爵爷对我们的战术冥思苦想了很久，他的计划基本上就是我们在罗马因为过早失球而尝试失败的那套，用压制巴萨来避免被他们压制：以攻代守。

弗爵爷询问了维迪奇、我，以及其他一些老资历球员是否满意他的战术。事实上我们并不赞同，但我们是职业球员，我们希望执行主教练的意图，因为他是名伟大的主帅。于是我们采用了这套战术，最终1：3落败。比分听上去没那么糟糕，但事实上这几乎不是一场同级别球队间的较量。我们无法主动进攻，因为我们几乎拿不到球，最后退场时无地自容——他们比我们强出太多。

与上次相同，最痛苦的是我们没能展现出自己的真正实力。我们夺得了联赛两连冠，在四年时间里三度进入冠军联赛决赛。然而现在，我们在自己的地盘上被踢得七零八落，在温布利，在我们的球迷面前被这样痛击，我们被现实重重地扇了一耳光。这对埃德温·范德萨来说更加难以接受，因为这是他退役前的最后一场比赛。

从战术层面上看，2011年的这场比赛对我们来说又是一场灾难。作为后卫，我们完全不知道如何防守梅西，绝大多数时间他回撤得很深，距离我们很远。突然间，他就像幽灵一样潜入禁区，我们无法跟上他。当时我心里想："不可思议，他太出色了，我这辈子都不可能再看到这样的球员。"

我们再次面对着这个无解的命题：究竟是留守防线还是跟出去试图拦截他。作为英格兰后卫，我们热爱身体对抗。看看史蒂夫·布鲁斯[①]的鼻子——

---

① 史蒂夫·布鲁斯（Steve Bruce），1987—1996年间效力曼联，曾经担任队长。俱乐部的标志性人物之一。

歪得不能再歪了——那代表着球场上的战斗。肋骨擦伤，肋骨骨折，膝伤，背伤……每场比赛后你会全身疼痛，因为整场比赛都在和对方前锋对抗。但这场决赛之后，我们几乎连汗都没出。正常情况下，后卫能够占据主动，但和巴塞罗那比赛时，情况却完全相反——他们的前场球员完全夺走主动权，让我们疲于奔命。记得赛后退场时我对维迪奇说："刚刚发生了什么？"

我们在比赛过程中尝试找到应对办法，下半场有些时候我几乎在踢中场，试图紧跟梅西。问题是，当你跟出去的那一瞬间，他们的中场球员就察觉到漏洞，于是，维迪奇只能一人面对从各个角度前插的对方球员。巴萨向我们提出了之前从未遇到过的问题，而我们无法给出答案。但我仍然认为，如果我们坚持一贯的打法，结局也许会不同。

当人们谈到那支巴塞罗那队，经常提到的名字是哈维、伊涅斯塔和梅西，但我觉得真正致命的是边路的佩德罗（Pedro）和大卫·比利亚（David Villa）。他们速度快、技术细腻，在边路站位很深，同时拉得很开，随时准备插到我们身后。由于我们希望主动出击，我们的中场和锋线球员不断压上，但我们的防线却因为对方边锋的威胁而被迫回撤。如果我们集体压上，他们会抓住身后的空当，比赛可能将会是一场溃败。佩德罗极富战术纪律性，球商极高，总能为球队做出正确的选择，他从来不会卖弄脚法或者做出花哨动作。我认为他才是真正的关键先生，他也是巴萨前场压迫的最佳执行者之一，他的上抢极具侵略性，而全队则随之压上。

弗爵爷在他的自传里批评了我和维迪奇在这两场比赛里的表现，认为我们过多地拖在后面而没有冲出来对梅西施压。就像我在上文中所解释的，我不认为那样做会有成效，但我不能对爵爷妄加评论。诚实地说，是的，我认为他选择了错误的战术，但这是可以理解的。他对曼联俱乐部的传统和魅力感同身受，担心过于保守的战术会让人觉得曼联的传统比巴萨的传统略逊一筹。和曼联一样，巴塞罗那以漂亮的进攻足球而闻名，他们把克鲁伊夫的足球哲学一直传承至今，瓜迪奥拉的这支球队几乎是 20 世纪 70 年代"全攻全守"足球的化身。人们谈到巴塞罗那美妙至极的 tiki-taka 足球时激动不已。如果我们选择以守为主的战术，会让人如何看待曼联的历史呢？我们自己也有辉煌的传统：巴斯比男孩们，贝斯特、劳和查尔顿领衔的 1968 年欧冠冠军队，20 世纪 90 年代的几支伟大球队之一，直到现在的我们，我想这是驱使弗爵爷做出决定的原因。他的想法是：我希望用我们的方式赢下比赛，曼联的传统方式，这意味着进攻、冒险、在对方半场开始高位逼抢。他让自己的感性战胜了理性，有时这并不是一件坏事，他和球员一样心痛。四年里三次进入决赛，却只拿下一场胜利？他连做梦都没有想过这样的情况。

相比他在自传里的评论，我更看重的是 2013 年他私下对我们说出的肺腑之言。对我来说，这是他最伟大的瞬间之一。当时，我们即将迎战皇家马德里，在赛前的动员发言中，他谈到了那两场与巴塞罗那的比赛。他敞开心扉，承认自己两次都使用了错误的战术。

我愿意承认自己在两场比赛中的发挥都不好，我想所有球员都会这么说。我们并不愚蠢，不会自私地认为“噢，这是主教练的失误”。我们没能很好地执行他的指令，但话说回来，他让我们执行的是与平时不同的东西。所以，究竟这两场失利的错误在谁呢？也许责任是一半对一半吧，或者，这并不是任何人的错误。毕竟巴塞罗那队太出色了。但这两场比赛让我们难以释怀。当晚弗爵爷站出来承担了责任，正是这样的时刻展现了他的魅力，这也是他被如此尊重的原因。弗爵爷不仅是球场上的赢家，还拥有正直而强大的人格。他在那晚的发言让我对他更加尊重：“这次面对皇马，我不再会犯错，相信我，相信我的决定。”这令我印象深刻，也备受感动，我感到自己终于卸下了肩上的重担。这让我更愿意为他赴汤蹈火，在所不辞。

第十二章　同性恋球员

* * *

社会已经改变

足球界对同性恋球员的态度已经与社会脱节了。我很欣赏托马斯·希策尔斯贝格（Thomas Hitzlsperger）的出柜，但如果他在现役时选择出柜将会更加铿锵有力，将会是个很了不起的举动。在曼联的更衣室里，我们总是会谈论到这个话题，“大伙听着，根据调查和最新研究，我们中间肯定有一个人是同性恋。说吧，到底是谁？”那只是个玩笑，但给我的感觉是，如果我们队里有球员是同性恋，我们绝对不会为此感到困扰。我宁愿有人站出来告诉我：“听着，哥们儿，我是同性恋。”我不会因此在和他交谈或者交往中有任何不同。即便在我们这个颇有些大男子主义的更衣室里，大家都有着共同的看法：只要你做回自己，我们不会有任何问题。你是同性恋与否不会对我们造成困扰，只要你在场上踢出自己的最佳水准，帮助球队赢得荣誉，谁管你的性取向如何！

我的整体感觉是，即使有人出柜，也完全不会破坏更衣室的稳定。事实上，如果你站出来表明自己是同性恋，得到的反应会和宣布自己有一对移植器官或者其他任何隐私一样——大家会开你的玩笑，但绝对没有恶意，就像鲁尼植发时被大家挖苦一样。更衣室里的氛围就该如此，善意的玩笑是其中的一部分。“完了，今天会下雨，鲁尼的头发怎么办？应该被淋得乱七八糟……他才21岁啊，就得和博比·查尔顿留一样的发型了。”每个人的任何突出特点都会成为开玩笑的话题，每当克里斯蒂亚诺·罗纳尔多穿着紧身牛仔裤，我们都会拼命嘲笑他：“不是吧，勒得这么紧，你还不如不穿！”他会大笑着回击说：“胡说八道，你们英格兰人不懂时尚啊！”

如果有人宣布自己是同性恋，我确信更衣室里的第一反应会是：我们该不该发表意见？接着十分钟后有人会忍不住开个玩笑，沉默打破后，大家就会像平常一样。对足球来说，这将是一股清新之风，它会告诉人们，我们拥有一个共同的目标，那就是赢得胜利。无论你是什么肤色、什么爱好，是不是同性恋，或者你的穿衣品位如何，你在生活中想要做些什么，只要不妨碍我们在场上取得胜利，这些都不是问题。我猜想，这也会让很多人不用浪费精力去考虑如何隐藏自己最本真的一面。

看看希策尔斯贝格，如果早些出柜，他也许能够把职业生涯时间延长15%~20%。如果他没有隐藏本性的压力，不用为展现自己的真实情感而忧虑不安，谁能说得准呢，也许他能代表德国队出战100场。我们都记得贾斯丁·法沙努①的悲剧，但他毕竟生活在30多年前。我愿意相信在当下的英国，同性恋球员不再会因为性取向而遭受不公正的待遇。社会已经改变，而足球正是这个社会的一部分。

---

① 贾斯丁·法沙努（Justin Fashanu），前英格兰U21国脚。19岁公布自己是同性恋，1998年5月3日，他因不堪忍受巨大压力上吊自尽，年仅37岁。

第十三章　担任队长

* * *

这是件美妙的事情

但我并不耿耿于怀

人们觉得那只是戴上袖标而已，但担任队长是件很美妙的事情。你带领着队友们走上球场，心中充满自豪感。我热爱这个职务，能够担任曼联和英格兰队的队长是一种难以描述的责任感和荣耀。你会想到有很多伟大的球员曾经是你的前辈。

我只是遗憾自己没能更频繁地担起这份责任，不过，有一次队长经历让我浑身不自在。当时，22 岁的我效力于利兹联，当主帅大卫·奥莱利（David O'Leary）把袖标交给我时，我觉得非常尴尬。这是奥莱利的处事方式，我到队时，队长是卢卡斯·拉德贝（Lucas Radebe），他在俱乐部里是个备受尊重的顶尖球员，也是个很好的伙计，但他同时受到很多伤病的困扰。当那天主教练把我从健身房叫出来时，我才刚刚来到利兹联两个月，我和他一起站在楼梯间，卢卡斯也在。奥莱利开口说："里奥，呃，里奥，我决定让你当队长。"他居然当着卢卡斯的面向我宣布这样的决定！我不知道该如何回应。卢卡斯一如既往地和蔼，他微笑着对我说："里奥，就是你了，现在你就是领导球队的那个人，我希望你来担任队长。"我呆呆地站在那里："对不起哥们儿……我可不想……我没想到事情会是这样……"我觉得非常尴尬。

利兹联为队长设置了一个专门的停车位，但我并不想使用它，因为我觉得那样很无礼。这件事成了热议话题，我遭到了很多队友的嘲弄。每天早上我抵达训练场时，李·鲍耶（Lee Bowyer）、加里·凯利（Gary Kelly）、乔纳森·伍德盖特（Jonathan Woodgate）、迈克尔·杜贝里（Michael Duberry）和罗比·基恩（Robbie Keane）都会站在一旁开始现场解说："他今天会把车停在这里吗？看起来是的……他会……噢，他没有！"午饭时间，如果我第一个进入餐厅，有人就会开始起哄："卢卡斯，站到后面去，现在你算老几。"他们让事情变得有些尴尬，当然，也挺搞笑的。有一天，卢卡斯走过来对我说："里奥，拜托，就把车停在那儿吧，我希望你把车停在那个位置。这是你应得的，现在你是队长了。"我最终还是照做了。

但后来，有几次在英格兰队和曼联，我认为自己应该担任队长，却没有如愿。但我并不对此耿耿于怀，每个人都有失意的时候，在职业生涯的某些时刻觉得自己的价值被低估。没有人天生就该当队长，我的态度从未改变：只要我能上场比赛，不断地取胜，那有什么可抱怨的呢？我们在英格兰队并没有赢得任何锦标，但为英格兰效力并成为队长本身就是个巨大的荣誉。当我终于等到机会带领球队参加南非世界杯时，却又因受伤未能成行，这让我非常沮丧，感觉就像袖标被活生生地从我身上夺走了一样。

然而，法比奥·卡佩罗上任伊始并没有选择让我当队长，这让我很失望，我认为他在这件事上的处理方式肯定会让一些人不悦。他让我、史蒂文·杰拉德和约翰·特里试岗，三人轮流担任队长，再观察各自的表现，最终选择了特里。其实，如果他直截了当地宣布"特里是队长"反而更好，或者他能够询问每位球员的意见，或者进行不记名投票，我不知道他通过三场比赛能看出什么。让我不满的是，这种方式不可避免地让人乘兴而来失望而归。队长职务可是足球运动里最重要的东西之一。我非常失望，但仍然泰然处之，并没有让它影响我在国家队的言行举止。

在曼联，有几次我觉得自己能够，或者说应当成为队长——最艰难的时刻却发生在我担任队长的时候。2008 年，联赛最后一轮，我们在维根客场夺冠。因为加里・内维尔长期因伤缺阵，那个赛季我一直担任代理队长。我们 2：0 赢下比赛，那种感觉非常美妙。赛后当我们马上要走出更衣室参加颁奖典礼时，弗爵爷走过来问我："呃，你能不能……嗯……让吉格斯举起奖杯？" 我心里一沉，似乎在说："哦不……这可是我儿时的梦想！"

最重要的事情当然是夺冠，但作为队长捧杯可是点睛一笔。当然我没有那么说，而只是回答："当然，没问题，棒极了，去吧，别担心。"我理解弗爵爷的用意。吉格斯已经第……我不知道……第一万亿次赢得联赛冠军了。我想应该是第十次吧，这对他来说是个里程碑式的时刻。但我心里在想："这只是我第三还是第四个英超冠军，我还有多少次机会能够作为队长捧起奖杯呢？"（事实证明，我再也没有获得这样的机会。）

所以，那是一个喜忧参半的时刻。也许弗爵爷认为我并不是很需要这次机会，因为我还会在这儿待很长一段时间，赢得更多的冠军。但你永远不知道下一秒会发生什么。第二年，每当我在天空台的比赛日节目里看到吉格斯举起奖杯时，都会想：也许我永远不会拥有这样的时刻了。接下来的两年时间，每当加里・内维尔因伤缺阵，我就会继续担任队长，但当加里退役时，我自己开始遭受伤病困扰，没能获得队长袖标，我的好友维迪奇得到了这个职务，并且做得非常棒。

吉格斯从来没有谈起过在维根的事，直到他在我的纪念赛杂志上承认我主动把举杯时刻让给他，并且说他十分感谢。我很感激他能这么说，也减轻了我的遗憾，无论如何，我不能抱怨太多。几个星期后，我在莫斯科举起了冠军联赛奖杯，接下来的赛季中又捧起了世俱杯冠军奖杯。我从来不喜欢让队友扫兴，球队利益永远高于你个人的感受。

第十四章　好人莫耶斯

* * *

含混的讯息和低脂薯条

就在曼联解雇大卫·莫耶斯（David Moyes）之前，我曾在广播里听到一名记者试图进行分析。当时类似的讨论铺天盖地充斥着报纸、电视和社交网络，其中大部分都很离谱。但因为这家伙的语气，他所说的话听着格外荒唐，他像是在说什么不容置疑的真相似的——其实起码有一大半都是彻头彻尾的胡说八道！

“星期四之前俱乐部都没打算这么干……是球员们再也不肯替莫耶斯卖命了……他们开始管他叫‘快滚蛋的家伙’……”

什么？我边听边想：你是从哪儿听来的这堆垃圾八卦？

就在同一个星期，罗伊·基恩在电视上告诉公众是球员们“整垮了主教练”。我很想问他：“在曼联你现在还认得谁？告诉我！你跟谁熟？跟谁聊过？你早都滚蛋八百年了！”

有些人甚至说那个赛季我们是故意踢得糟糕好让主教练下课。疯了！也许记者会这么想：我一点儿也不喜欢这个古里古怪的编辑，所以这周末我就写个垃圾稿子好了……让他去挨骂吧！我从不觉得有球员会这么干，在曼联压根都没法想象有人会冒出这种念头。无论谁是弗爵爷的继任者，我们都会百分百地替他卖命，因为这是我们唯一懂得的方式，我们想要赢球，我们会为主帅倾尽全力。

事实上当大卫·莫耶斯走马上任的时候我是很乐观的。弗格森爵士是一位伟大的领导者，看人眼光奇准，我们一般都信任他的判断。我想他选择大卫·莫耶斯作为继任者是基于个人品格的考量——在这一点上，他是对的。我喜欢大卫·莫耶斯，他的人品无可挑剔：他真的是一个好人，一个诚恳的人。他渴望成功，他的职业道德和正直品性，都是非凡的；他诚实，值得信赖，并且充满激情，我完全能理解为什么弗格森爵士欣赏他。莫耶斯从来不是那种靠不住的主教练，他不会轻易扔下球队跑掉，恰恰相反，如果他能成功执教的话，他会跟俱乐部同甘共苦。

没人会比他更勤奋：莫耶斯总是第一个到训练场，最后一个离开。他是一个真正的足球人，也已经倾尽所能。我也理解为什么他能得到这个机会：他在埃弗顿证明过自己，他让球队稳定地位居英超前列。然而获得机会和把握机会是两回事。

有一些足球上的问题，莫耶斯从未能解决。他带来的理念和战术，在埃弗顿曾经管用，但并不适合曼联的期望和传统，他尝试推行的愿景，却从来没有描述清楚过。他无意中制造出一个压抑的氛围，而弗爵爷在任时，队内气氛永远积极。

毫无疑问，他有权把他在埃弗顿的团队带来曼联，但是我认为他没有保留米克·费兰（Mick Phelan）这样的曼联忠臣是一个大错，“米克·费兰”们对曼联球员知根知底。换言之，莫耶斯无从得知很多球员的微妙个性和曼联的传统文化。但让我再次强调，我们都愿意和莫耶斯合作，也愿意为他卖命。这一点跟布莱恩·克劳夫（Brian Clough）初到利兹联队（Leeds）时不一样，克劳夫嘲笑利兹联队球员们的荣誉，让他们把奖牌都扔进垃圾桶里去，这激怒了所有球员。莫耶斯的情况可跟这个完全不同！

甚至不能说莫耶斯犯了什么致命的错误，事实上更多的是因为小问题的累积，渐渐地，他就失去了我们的支持。我并不享受在莫耶斯手下踢球——远在他下课之前，我就决定了如果他继续执教，那么我就离开俱乐部。但另一方面，我发现这一切又很有意思，从中能学到许多东西，从前在弗爵爷手下很多事情我以为是理所当然的，有过这段经历再回头看，我开始由衷地感激。如果有一天我去当主教练，那么在曼联最后的这个赛季的经历弥足珍贵。

联赛积分表从不撒谎。2012—2013 赛季我们领先 11 分夺冠，这可真令人自豪，我也摆脱了伤病，踢出了我自己最好的赛季之一，还入选了职业球员协会赛季最佳阵容。但在莫耶斯手下，我突然就跌出了主力阵容，而我们也以第七结束赛季，落后曼城 22 分。我能理解新帅上任急切地想给球队打上自己的烙印，但这并不需要推翻一切……

很多时候我相信他想要帮助我们，但效果却适得其反。

比如薯条事件。球员们往往会迷信某些小习惯，就我所记得的，我们比赛前一晚都会吃低脂薯条，这就像一个小仪式，我们热爱薯条。但莫耶斯来了，一周后他宣布我们再也不能碰薯条了。我们没有胡吃海塞，事实上，在 2013 年的夏天，你很难找到其他球员比曼联的球员更有职业素养。我们身体状况良好，自律，饮食有节制，可是，突然地，没有任何理由，就“再也不能碰薯条”了。这倒也不是什么挑战底线的规矩，可确实惹恼了所有人。当莫耶斯下课，瑞恩·吉格斯担任赛季最后 4 场比赛的看守教练后，你倒是猜猜看怎么着？莫耶斯走了还没有 20 分钟，大家正在单车热身准备第一堂没有莫耶斯的训练课，有一个家伙说：“嘿！我说呀，咱们得去找老吉（Giggsy），让他把该死的薯条给还回来！”

另一件惹恼大家的小事是赛前散步。莫耶斯要求我们比赛当天上午全队一起散步 10 分钟，我们从来没这么干过，也没有一个人享受这个，没人喜欢。他从来没问过我们的意见，也许这是他在埃弗顿的习惯，但这让我们完全摸不着头脑，我们边走边琢磨：“为什么我们要这么干？这么干到底有什么目的？”这个做法对我们一点儿帮助都没有，我们完全是因为他要求才这么做的。

我知道有人会说我们太小题大做，他们会这么想：“该死的球员们！看看他们赚的那些钱，他们还有什么可抱怨？”但不能这样看待问题。你不在球队感受那种氛围，就很难理解事实上很多事情是因为习惯或者心里舒不舒服。我们希望周围的环境能让我们感到放松，可是当各种小事开始变化，你就会感到不安定。这跟你是个球员还是个站在机器后面的工人可没关系，这纯粹就是：工作环境让你得觉得舒服，你才会争取更好的表现；因为你更放松，于是工作成绩也更好。

不过莫耶斯的战术思路才是更大的问题所在，他显然想让我们改变风格……可问题是我们始终不确定他希望我们怎么变。

当我们在亚洲季前赛期间，他跟我还有其他几个球员说，他想让我们打一个收缩的 4-2-2-2 阵型，让边路球员内收。我记得我当时就想对他说：“你没好好读曼联队史吗？这家俱乐部构建的基础是边锋！只要往回数 100 年，克里斯蒂亚诺・罗纳尔多、大卫・贝克汉姆、瑞恩・吉格斯、史蒂夫・科佩尔（Steve Coppell）、威利・摩根（Willie Morgan）、乔治・贝斯特（George Best）、大卫・佩吉（David Pegg）、查理・米腾（Charlie Mitten）、比利・梅瑞迪斯（Billy Meredith）……这是一个长久以来的传统！”更重要的是，莫耶斯所要求的跟队员们的习惯大相径庭，改打 4-2-2-2 就意味着阵容要进行大幅调整，因为球队是围绕边锋构建的，内收打法不是个好选择。在季前赛上我们表现不佳，不过鉴于我们季前赛一般都表现不佳——我们的状态在圣诞节到一月之间才会起来——我决定再多观察一阵子。我期待莫耶斯能有好表现，因为这意味着我也能有好表现，同时意味着我们能获得更多成功。

但莫耶斯的创新之举总是莫名其妙地会让我们困惑和起反作用。比如说，在弗爵爷手下，如果星期六有比赛，星期五我们会玩小场对抗赛，我们热爱这个，它能帮我们进入比赛状态，我们玩自己想玩的、尽情嬉戏，或者挑战点儿新鲜玩意儿。在这过程中，我们调整好球感，尝试些小把戏，自信满满。这传统保持好多年了，然后突然地——同样没有任何充足的理由——莫耶斯用传射训练[①]取而代之。这改变没有比赛策略上的考虑，或者说，假如有的话，莫耶斯也没能向我们解释清楚。与享受小场对抗赛相比，如今你听见的就变成了攻击手们的抱怨："我讨厌这该死的传射训练……"这跟我们以往的踢法格格不入，尤其是对于想更多操练脚法、射门技巧和跑位的前锋们来说，他们觉得深受束缚。事实上，这项训练其实跟莫耶斯自己想要的战术也没什么关系。甚至我作为一名后卫也忍不住要抱怨——在场上你会觉得自己像被困住了似的，灰心丧气，就像根本不是你自己在踢球。我们抗议过，但完全没效果，然后球迷们就开始疑惑为什么我们一个个都看起来束手束脚的，踢着毫无个性、毫无想象力的足球。

还有就是防守定位球的训练。从前我们不怎么花时间在这上头，弗爵爷的策略始终是死打对手的软肋。每一场比赛我们都想赢，他通常会这么对我们说："他们对这块的控制糟透了……我们就从这里下手搞垮他们。"多年以来，在防守角球和任意球上我们是做得最好的球队之一，除非偶尔对方有什么秘密武器，我们才会做针对性的布置。比如说斯托克城（Stoke）的罗里·德拉普（Rory Delap）会扔出超远的界外球，弗爵爷就会交待我们，然后问我们说："你们就放任他这么嚣张？"通常我会去盯防彼得·克劳奇（Peter Crouch），让维迪奇去控制皮球的落点，但如果对手跑到维迪奇那边，那我就会去争抢球权。事情就是这么简单，大部分比赛弗爵爷都会把防守的事情交给我们自行处理。其中的默契就是：我们的方式确实简单、有效，令人放心。

而到了莫耶斯手下，立足点就变成了怎么去限制对手，而且他总是对对手

---

① 传射训练（Two-touch）：一种训练方式，两名球员一组，其中一位传球给另一位，后者接球后直接射门。

的角球和任意球忧心忡忡。每场比赛前他都要给我们放视频，告诉我们对手有多危险。比赛当天一早，在训练场里，我们会花上半个小时来钻研怎么阻止对手，但结果我们的防守纪录却又毫无进步。我们把太多的注意力放到了对手身上，以至于这突然就会变成一种担忧：该死的，他们一定在这方面超厉害，要不然我们干吗花这么多时间来研究……

这是两种截然不同的心态：莫耶斯制订战术是为了不要输球，而我们长久以来习惯的是如何去赢球。除了“别输球”，我想不出莫耶斯还有什么百分百信奉的理念，能让他说出比如“对，我们就得这么踢”这样的话。他是想保持弗爵爷的风格呢，还是想教给我们他自己的风格？我们是打算继续打边锋战术利用球场宽度呢，还是收紧阵型踢得更谨慎更有效率？我们从来都没搞明白。我甚至不认为莫耶斯知道，如果他知道，那就是他从未跟我们进行足够的沟通。

最大的困惑来自于他究竟希望我们用什么样的方式向前推进，他经常让我们放长传，有队员觉得他们整个职业生涯里都没放过这么多长传。有几次，我们的主要战术就是又长又高的斜线传中，这实在令人尴尬。主场对阵富勒姆（Fulham）的比赛里，我们一共传中了 81 次！我当时在想：我们到底是为什么要这么踢，安迪・卡罗尔（Andy Carroll）又不在我们队！整个战术都跟我们格格不入，我们最后也没拿下那场比赛。

另一些时候，莫耶斯又会想要更多的短传。他会说：“今天这场比赛里我希望我们能有 600 脚短传，上星期我们只有 400 脚。”谁有空管这个？比起 10 脚传球，我宁可进 5 个球！这让我不由得想：你真的要我们赢球吗？总这么变来变去，哪里还有机会赢球。

为什么他无论如何都要改变我们呢？要知道几个月前我们才以 11 分的优势赢下联赛，我们没那么差劲！如果我是莫耶斯，好歹我得先拿一两个冠军再来谈改变吧，这样才说得过去。

在赛季初，莫耶斯跟我说：“我会更多依靠经验丰富的老将。”8 场比赛下来，我们踢得不太好，他说："好吧，我想试试看年轻球员怎么样。"这没什么，如果我是年轻球员，我也会希望老将们早退早好。问题是，他做得有点过头了。我突然就从联盟最佳中后卫之一，变成了进不了大名单的人，这也让其他防守球员感到困惑。很多小道消息说莫耶斯要我们学贾吉尔卡①，这倒真是完全没影子的胡扯！

"一旦感到压力，我要你们确保一定把球开出边线，"他这么跟我们说，"我不希望你们做任何冒险的事。"

他带来的心态是属于非顶级足球俱乐部的，我始终觉得莫耶斯没搞明白作为曼联主帅该怎么说话。你拿起报纸就会看到他说的那些匪夷所思的话，比如什么我们"渴望"成为曼城那样的球队，又或者什么对阵我们的时候利物浦"赢面更大"。如果你的目标是不输球，那么他是对的：别冒险。但这里不是埃弗顿，我们是曼联，我们要的不仅仅是"不输球"，我们是要"赢球"。当然，我们不会在自己禁区里玩火，但如果已经到了中线甚至进入对方半场，有时候冒险就是必须的，尤其是势均力敌的高水准比赛，而你又志在赢球时。

我觉得他好像对我们的能力毫无信心。请恕我直言，曼联球员的水平一般来说还是要比埃弗顿球员更好一点儿，但我们能感觉到他并不信任我们在球场上的表现。就我而言，我觉得：他不信任我，对我没信心。这就难怪球员们没法全心投入去争取胜利了。

含混的讯息是更糟糕的一件事。有些时候莫耶斯会说"我想要你们多传球"，可有些时候他又会说"我不想要你们多传球"。该死的，你到底想让我们怎么做？在游泳池里你会听到好些球员在抱怨："我就是不明白他到底想要我们干什么。"他也让我变得患得患失。我们都是职业球员，我们想要执行主教练的命令，我们想要取悦他，期待他能带领我们前行，让我们再度收获冠军。

---

① 贾吉尔卡（Phil Jagielka），是一名职业足球运动员，目前效力于英超埃弗顿足球俱乐部，司职中后卫。

因此，他的任何要求，我们都会照做。

9月份，在我们1：4输给曼城之后，他电召我和维迪奇去开会，在场的还有视频分析员。“我想给你们看点东西。”主教练说，他准备了大约15个视频打算放给我们看，但事实上我们只看到第五个。我们争论了有将近40分钟，谁都无法说服对方，气氛开始变得白热化，我感觉得到他想尽快结束，因为他不喜欢正面冲突。这又是一个不同点：只要认为会有助于球队进步，弗爵爷不会对任何人留情面——他不会任由糟糕的气氛逐渐侵蚀球队。

看起来，视频分析会原本是为了搞明白在面对曼城时，我们做错了什么导致失球。在其中一处，莫耶斯说：“这儿你本来可以做得更好，你应该对阿奎罗（Sergio Agüero）盯得更紧……”我回答说：“是，不过阿奎罗是英超速度最快的前锋之一，而这波攻势开始时我们也没有给他们的中场足够压力。”我想表达的是，如果他们有好球员可以随心所欲地传球到位，对阿奎罗贴得太紧只会是自找麻烦，因为他们可以打我身后，这样阿奎罗就能轻松地穿透防线，你只能希望球是传向阿奎罗脚下，那至少我还能从后紧逼他让他没法转身。但莫耶斯对我说的不予理会，他还是说：“对，但你应该盯人更紧。”

我们举双手同意。“是的，没问题。”我说，“这场比赛里是有好几个地方我们本来可以防守得更好。”但我们试图解释这并不仅仅是防线的问题。维迪奇和我开始滔滔不绝，因为防守阵型不对头，整个球队没有以正确的方式在防守。拿他们的第一个进球来说，我已经把球顶出去了，但皮球太轻易地又被打回来，当马蒂贾·纳斯塔西奇（Matija Nastasić）、萨米尔·纳斯里（Samir Nasri）或者亚历山大·科拉罗夫（Aleksanda Kolarov）开始跑动的时候，我们没人上去给他们压力。我想要说的是，最好的防守是在进攻苗头刚起来时就掐灭它，如果没能做到，那整个球队就应立即切换到更稳固的防守站位。在这一点上我们曾经是如此出色，可惜现在已经判若两队。

后来我说：“听着，如果你希望我盯人更紧，我会这么做。作为防守球员，这对我来说再简单不过。如果这就是你希望的，没问题，给句准话吧！”他的回答是：“是的，不过我也希望你……”这太让人困惑了！也许他的观点是对的，但他并没能让我们理解。我和维迪奇走出会场的时候面面相觑，“该死的，我搞不清楚他到底想让我们做什么。”我告诉我的搭档。

我们只是想要简练而明确的讯息，结果却每件事都含混不清。有些日子他会说：“太棒了，让我们来打边锋战术。”我们会认为他真的相信这个？当然不！我们会认为他真的相信他想要的是从后场开始短传推进？当然不！

他曾经要求我带球向前——假如没有出球点的话，就放斜长传。按我的想法，如果没人接应，那就意味着球队的运转有问题。我们的战术对吗？跑位足够好吗？当然，难免有些时候你不得不把皮球大脚清出危险区域，然而假如你确实想以某种合理的模式踢球的话，这不应该是你的首选。所以，当我带球向前，然后发现无人可传的时候，我该怎么办？放长传？还是说作为中后卫，我得来点儿什么惊世骇俗的魔法？还有些时候，在我起脚传球的时候，我忍不住想他是不是真的想要我往那儿传？我变得患得患失。这是他想要我做的吗？我把球传出去，然后想：这么做对吗？我还会担心自己在场上的站位是不是有问题。事实上有几场比赛里，我们确实不再遵循赛前的安排，而改用从前我们能理解的方式来踢球。

当然，就某些角度来说，莫耶斯的方式还是给我留下了深刻的印象。他刚来的时候，在某次讲话里表示他会专注于提高我们的体能训练强度。“我会让你们的体能更充沛，”他这么告诉球队，“跑得更卖力。”毫无疑问，他提高了训练强度也增加了训练量，他是个工作狂，拥有无可挑剔的职业道德，你能看出他有多希望在曼联取得成功。我们有过一些很棒的训练课，而莫耶斯也始终会在现场。弗爵爷通常会把训练交给布莱恩·基德（Brian Kidd）、卡洛斯·奎罗斯或者雷内·穆伦斯滕（René Meulensteen）他们，莫耶斯则更亲力亲为。

另一件事他同样很早就告诉我们了，却还是引起了很多问题，他说他会在星期五或星期六比赛前宣布阵容——并且拒绝讨论。如果我们落选了，感到不开心，那滋味可难熬得很，他不会搂着你的肩膀安慰你，也不会做任何解释。他说："如果你有话想说，星期一来找我。"换句话说，比赛早就踢完了。这跟弗爵爷的行事方式截然不同。

这让我再一次地想：我确信这方法在埃弗顿完全行得通，可现在是在曼联。在埃弗顿，你的球队里很可能只有13个球员有实力相信自己每周都能踢上比赛，其他大多数人要么是年轻球员要么当替补就已经很开心了。这么说并非轻视埃弗顿，这来自于我年轻时在西汉姆联的经验，在非顶级球队里情况就是这样的。可是在曼联，你拥有22到25个国脚，个个都一堆荣誉在身，个个都相信自己应该首发，根据常识你也该知道面对这种阵容你得换个法子来应付。埃弗顿每个赛季踢四五十场比赛，其中只有一小部分是对阵顶级球队的高强度比赛，而曼联每个赛季要踢差不多60场比赛，大部分都是必须拿下的关键比赛。因此，作为曼联主教练，如何轮换阵容并确保每个人都开心，几乎是一种艺术。

弗爵爷在这方面非常拿手，他能让整支球队都感觉自己参与其中。拿"小豌豆"哈维尔·埃尔南德斯来说，他是个非常厉害的球员，每个赛季能进15到20粒球，但弗格森爵士事实上并没有让他首发太多比赛，他更喜欢把小豌豆当奇兵用，像在对阵斯托克城或阿斯顿维拉（Aston Villa）时那样，出场挽救球队或赢下比赛。哈维尔这么干过好多次，他这三年过得很开心。然后突然地，莫耶斯开始以完全不同的方式对待他，于是小豌豆逐渐失去了自信，你能看出来他的自我期许变了。

你必须得尊重和赞赏球员们的自负，进攻球员尤其自负，有时候你需要去搂着他们的肩膀安抚他们。球员都渴望比赛，如果没能进入比赛阵容，我们会失望，会感到受伤。弗爵爷通常会这么说："我这礼拜没选你是因为我得把你留着下礼拜用。"这招心理学玩得漂亮极了："我得让你歇歇，也正好让其他人有机会表现表现，我需要轮换阵容。不过别担心，孩子，你可得好好准备下礼拜的比赛，把自己的状态调整好。"然后你就忘记你落选的那回事，专心去准备下周的比赛了。

弗爵爷在这些事上处理得非常有人情味，也非常聪明。他会说："这对我可不容易，我一点儿都不喜欢这么干。"有些时候你也会这么想：喏，这统统是胡扯，我才不信你说的那一套！有一次，因为我们要在欧冠对阵切尔西，他没选我进前一场对阵利物浦的阵容。我当时都抓狂了："什么？不让我踢利物浦？这可是整个赛季最重要的比赛之一啊！"然后他回答说："我可不想冒险，欧冠比赛就在眼前了。"一开始我还是非常生气，不过之后我又想："也对，他还是尊重我的，还是相信我能应付顶级比赛的，所以他显然不是不再欣赏我了。"然后我就没事了。

莫耶斯治下的几乎所有问题最后都在一场比赛里爆发了，就是那场事实上终结了我们整个赛季的比赛——欧冠 1/4 决赛对阵拜仁慕尼黑的第二回合比赛。在之前 16 进 8 的轮次里，我们面对奥林匹亚科斯（Olympiacos）起死回生。首回合我们踢得糟透了，输了个 0：2，但是在老特拉福德的次回合比赛里，我们以 3：0 的大胜逆转了局势。

在我们做客慕尼黑的时候，我们在联赛里已经没机会进前四了，所以这是最后一项我们还有可能赢下来的赛事。首回合比赛里，我们 1：1 踢平，其实算算创造出来的机会，我们原本应该赢球才对。几乎是这个赛季的第一次，我们拥有了清晰的战术：拜仁是卫冕冠军，也被公认为欧洲实力最强的球队之一，所以我们密集防守并伺机反击。头一次，莫耶斯给了我们明确的指示：如果我抢到球，我就找机会打拜仁防线球员的身后。也是头一次，我觉得全队都理解了教练想要什么。但即便如此，莫耶斯还是犯了一个错误：他安排吉格斯踢左边锋。吉格斯已经 40 岁了，面对对手整场比赛都在狂轰乱炸的边后卫①，你

① 在那场比赛中跟吉格斯对位的拜仁右边后卫是拉姆（Philipp Lahm），以助攻和活动能力著称。

让他还怎么踢呢？他踢得相当力不从心。不过，像我说的，事情还不太坏。一周后的比赛，是我们拯救整个赛季的最后机会，可能也是拯救莫耶斯这份工作的最后机会。

我发了疯一样地想踢这场比赛，尤其还是在一座伟大的球场上。而且因为我在首回合比赛里踢得不错，之后对纽卡斯尔的联赛又没踢，所以在前往慕尼黑时，我觉得我肯定会入选这一场的阵容。然而比赛当天的一早，一切都乱了套。为了操练定位球和其他战术，我们去了附近的一个公园里。这简直太奇怪了！当地人开始聚集围观，拍照录影。这可不是曼联的行事方式！你怎么会愿意提前暴露你的阵容和战术呢！我是说，要不我们索性直接给拜仁俱乐部发个电邮或者寄张 DVD 吧。这太不专业了。

然后更糟糕的事情来了。当我们站在公园里那点可怜的草坪上时，主教练跑过来拍着我的肩膀说："听着里奥，今晚我不打算让你上场了，我觉得我们的后防线更需要速度。"

杀了我吧，我觉得自己身体里有一个小人简直想跳出来尖叫着掐他。然而我是个有团队精神的人，我只是一言不发地站在那里，尽管这恐怕是我整个曼联生涯里最糟糕的一刻了。我从来没有在一场关键比赛里以这种方式被弃用过，当着所有人的面以至于我不能作出任何回应。"该死的，为什么不能早点告诉我？"我想。

客观地说，我认为他错得离谱。取代我的克里斯·斯莫林（Chris Smalling）刚刚伤愈复出，而拜仁的前锋托马斯·穆勒（Thomas Müller）和马里奥·曼朱基齐（Mario Mandžukić）都不是以速度见长的类型，拜仁的战术也不是建立在速度上的，所以莫耶斯这么说根本没道理。我宁可他说"我觉得克里斯·斯莫林的状态比你好"或者其他更说得通的理由。但他就是这么跟我说了，我甚至没有机会说出我的看法，当然他也未必想听，但这真的让我感到非常沮丧。这一定不是一个临时的决定，他起码在 24 小时前就想好了，如果他能早点跟我说的话，我也许能更好地接受它。

后来，好几个队友告诉我，我当时的反应是他们之前从来没有见过的。我陷入了一种茫然的状态，还把愤怒发泄到助理教练头上，在等助理教练结束跟首发 11 人的定位球训练时跟他起了争执。在此之前，我从来没有过把自己的情绪这样暴露在队友面前，我完全没办法控制自己的怒火。我知道我的曼联生涯到头了，这个曾给我机会证明自己的地方，但现在一切都变了。

没法出场倒是让我有机会坐在板凳上亲眼看着这场比赛能有多离谱。弗格森爵士通常给我们的指示都简单、明确、清晰，视对手的风格不同，他会说“一开场就压迫他们”或者“尽早杀死比赛”。而他尤其强调的一点就是：保持专注！这是他最爱说的。但对拜仁这场比赛前，莫耶斯是这么说的：我们准备了 3 种阵型，用哪种得看拜仁怎么踢！他会在开场后让球员们知道。丹尼·维尔贝克会踢右路……或者是左路……或者回中场协防。香川真司毫无疑问会回收到中场，也有可能踢左路……所有球员得到的讯息都是如此。这使得整个事情陷入一种不确定的氛围：如果丹尼有可能踢 4 种不同的位置，那你让他到底该怎么来准备比赛呢？哪怕是经验丰富的球员，这也会带来困扰。韦恩·鲁尼赛前一般会坐在更衣室里想：嗯，我要踢的位置是中锋，所以我会这样这样的跑动，如果对方后卫紧逼上来，我就这么转身甩开他。在上场前，我们都会试图在脑海里模拟将要到来的比赛。当然，球员需要根据场上形势做出调整，但这不是说我们上场的时候连该干什么都不知道。

事实上，这场比赛一开始踢得有点像第一回合，防守的同时试图寻找快速反击的机会。这个战术几乎就成功了：帕特里斯·埃弗拉抓住一个几乎不能算机会的机会，打进一个精彩绝伦的入球，那之后的几分钟，局势看起来好像我们将要淘汰拜仁。然后，拜仁攻进 3 个球，一切都完了。在这个过程中，观察莫耶斯的反应是一件非常有趣的事情，或者更精确的说法应该是，观察他的毫无反应。弗爵爷的立场是始终如一的：我们想要击败任何对手。我注意到两队替补席的不同情况：曼联这边始终笼罩在一种紧张而动荡的气氛中，几乎场上的每一个判罚都会引起莫耶斯的低声抱怨，而反观佩普·瓜迪奥拉（Pep

Guardiola)，则是完完全全的不动声色。一位伟大的主帅，会给整个俱乐部带来一种精神力量。就像蒂亚戈·西蒙尼(Diego Simeone)在马德里竞技(Atlético Madrid)做到的那样：他让所有人都觉得自己参与其中。决定俱乐部成绩的，不仅仅是上场踢球的球员们，还有那些没有机会出场的球员，以及工作人员——从装备管理员到运动科学家，他们同样是决定因素。你得让工作人员干得开心，有些时候就是他们决定了球员们能走多远。就我所知，莫耶斯在埃弗顿确实做到了这一点，但不是在曼联。只不过在埃弗顿，你的目标不是"让我们赢下所有比赛，赢取所有荣誉"，你的目标只是"让我们不要输给曼联，不要输给其他前四名的球队"。直到他下课，我觉得有些工作人员都未感觉到自己是他的球队的一分子。

好吧，正如所有人知道的那样，对拜仁的这场比赛是莫耶斯治下的最后几场比赛之一。11 天后他带队做客埃弗顿——我没有随队——我们输了个 0：2。两天后，莫耶斯被解雇。这件事俱乐部处理得不体面：让莫耶斯被下课的流言困扰了整整两天后才正式宣布。然而，如你所期待的，莫耶斯本人的应对实在是非常高贵得体。

我们球员跟球迷一样都被蒙在鼓里，俱乐部没有露一丝口风。我也是直到安德斯·林德加德(Anders Lindegaard)发短信给大家的时候才知道这一消息的，他说："官方了，伙计们，官方了。"我跟平常一样开车前往卡灵顿，门外围了无数的摄像机。训练场里面，球员们则被召集起来开会，大家都知道是为什么。

莫耶斯和史蒂夫·朗德(Steve Round)、吉米·卢姆斯登(Jimmy Lumsden)一起走进来，宣布说他们都会离开曼联。听起来，他对于两天前的消息泄露不大高兴，这一点我们都能理解。无论如何，每个人都有自己的骄傲，也都希望保护好自己的家人。

他的讲话非常棒："我在这里度过了一段非常美妙的时光，但很遗憾结果并不尽如人意，足球是一项只看结果的运动，所以……唔……我被解雇了。曼联是世界上最棒的俱乐部，你们应该努力让自己尽可能久地留在这里。对于我们所有人来说，我确信，未来我们一定还有机会打交道。”

他再次感谢了我们所有人，和每一个人握手说再见，就这样结束了。然后老吉走了进来，简短地说了几句，说他将担任看守教练直到赛季结束。他说完后，我想到了一个问题，就问他说：“我们该怎么叫你？老板？老吉？还是别的什么？”他笑了，说叫“老吉”就好。然后我们就走出更衣室直接开始了日常训练。

足球是一项严苛的运动，不原谅错误。当然，有人丢了工作，你会为他感到遗憾，但是作为职业球员，你能做的只有习惯这些并继续向前走，这听起来似乎有点冷血，可是这一行就是这样。足球世界里瞬息万变，下一场对阵诺维奇（Norwich）的比赛就在眼前，所以你得把其他乱七八糟的念头都扔掉。当时我并不知道几个星期后，我就要面对和莫耶斯相似的处境。但这仍然是应对的唯一方法，你明白职业生涯有可能戛然而止，这也是每个球员在某一刻必然会经历的，你能做的只是接受它，然后继续前行。

有些人会说主教练的作用在现代足球里被高估了，但是这整件事告诉我的就是，主教练在一家俱乐部里到底能有多重要。哪怕主教练有一批伟大的球员，他还是需要引导他们到正确的方向上，他需要一个人来整合所有元素。他会在更衣室里创造出良好的氛围，会让球员们带着良好的心态踏上球场，这些事是不会自然而然发生的。你不能期望把一队球员扔到场上，他们自己就变成了一支伟大的球队——得有人来让这种变化发生。

在执教曼联这件事上，你一定能看出莫耶斯含混不清的执教方式和路易斯·范加尔（Louis van Gaal）清晰无疑的策略之间的差异。我很失望我没机会和范加尔合作了，因为他肯定会教给我很多东西。我留在曼联的前队友们告诉我，范加尔非常强硬和有决心，而且他的执教方式和足球理念也相当清晰。如果你不接受他的理念，他就会找能接受的人来取代你。他说的一句话非常有意思："我不是训练球员们的腿，我训练的是他们的大脑，他们大脑的能量。"如果还在曼联，我一定能从范加尔身上学到很多。

回头来看，我会说莫耶斯不太走运，他和曼联只是在特质上不合拍，就像水和油无法相溶一样。他的那些主意本身并不坏，只是不适合曼联的球员，也不适合俱乐部的传统和近几十年来的历史。作为球员，我们也应该站出来承担责任，承认我们没能拿出好的表现，这是事实。但与此同时，我们需要一个正确的战术框架来让我们一展所长。俱乐部付钱给我们期望我们踢出好球，但事实是，我们的失败并不是因为我们没有付出努力，恰恰相反，我们已经尽我们所能，但在莫耶斯治下，我们没法踢出我们所擅长的。

接任弗格森爵士这样一位伟大的主教练——不仅仅是曼联，也是整个足球圈的功勋教练——对莫耶斯来说，从来不是易事。而且不要忘记，他还面临着另一个难点，大卫·吉尔也同时离任了，这位首席执行官在购买球员和运营俱乐部上具有非凡的影响力。这是过渡期的曼联，无论谁接任新主帅，都会面对一个极其困难的局面。不过即便如此，大卫·莫耶斯仍然不是曼联主帅的正确人选——他的执教思路不够清晰，而且他没有办法从球员身上发掘出他想要的东西。

然而，我还是忍不住去想，这整件事情到底是谁的责任。我真希望莫耶斯看到的我，是前一个赛季收获了在曼联的最佳赛季之一的我，或者几年前，年富力强的我。我不认为我需要为他的下课负责任，因为我已经尽力了，但我真心希望当时在他手下我能有更稳定更好的表现，如果那样的话，他也许就不会失去这份工作，或者至少，他会更清楚我到底是一个怎样的球员。不过换个角度，我又会这么想：他有没有找到正确的方式，让我们把作为球员最好的一面展现出来呢？不，他没有。但这就是那些会在我脑海中长久拉锯的疑问：我的责任吗？……他的责任吗？……如果你是一名真正的职业球员，这样的问题会始终在你的大脑里回荡，你是不会说"嗯，这就是他的错"的。你会有那么点儿内心交战。是我的责任还是他的责任，成为一个永远无法得到答案的问题。

第十五章　压力和无聊

* * *

会让你做奇怪的事

有些球员就是没办法应对披上三狮战袍的压力，比如吉米·布拉德（Jimmy Bullard）。吉米或许不会是最耀眼的英格兰球员，但我老早就知道他是个棒极了的球员。他曾经两度入选英格兰队，但从来没真正上过场。太遗憾了，我觉得这也从某种程度上说明了英格兰队确实有点问题。

我认识吉米的时候，我们差不多11岁，在贝克斯利和肯特郡联赛（Bexley and Kent League）里相遇，他代表基督教青年会队（YMCA），我代表埃尔登镇队（Eltham Town）。他在那一带非常吃香——技术好，体力充沛，他在球场上能传能射，体能好得像马拉松运动员。之后我就跟他失去了联系，只是听说他干起了粉刷和装潢的活。几年后，他在西汉姆预备队里冒了出来，离开铁锤帮之后一直干得相当不错。在维冈（Wigan）、富勒姆和胡尔城（Hull）这些地方，他开始越来越像个流行偶像，我猜崇拜者们大概在他身上看到了自己：他有点“浪荡少年”（Jack the Lad）的做派，不务正业、玩世不恭。不过作为球员，他其实一直被低估了。

吉米退役后出了本非常好玩的书，我印象特别深的是，他说法比奥·卡佩罗（Fabio Capello）看起来很像邮递员派特①。不过他描述英格兰队里让人喘不过气来的压抑氛围的观点倒是相当有见地，他说在这种体系下他有点迷失了，从来没法放松也感觉不到活力。我跟他聊过这个，这确实是一个问题。他说英格兰队训练营里严肃的气氛让他没法做自己，因此也从来没能好好地训练。

出现这样的问题，是因为你离家在外，突然彻底地处在你所习惯的环境之外。拿吃东西来打比方吧，在家你什么时候想吃东西了都可以，我一般晚上6点跟我的孩子们一起吃晚餐，假如几个小时后我又饿了，就直接跑去开冰箱门找吃的。但在英格兰队什么都是严格按规定来的，那感觉就跟坐牢差不多。

我记得有一次星期三晚上有一场比赛，之后一场在星期六，所以我们得被关在酒店里好几天。星期三的比赛之后，我和约翰·特里、阿什利·科尔、肖恩·赖特－菲利普斯（Shaun Wright-Phillips）打算叫点南多士②烤鸡慰劳大家，我们知道大伙儿都饿了，但是又不爱吃规定的正餐。当天我们跟球队一起去吃晚饭，不过我们尽可能地留着胃口，我们知道我们的南多士正在路上呢。半小时后我们离开了餐桌……去享用我们真正的大餐。你是没听见我们吃烤鸡时的动静！就好像是一群饿狼在抢羚羊肉，狼吞虎咽的，要是有人把声音录了下来，简直能把听的人笑死。

这种事情我们做过不止一次，另一次我们吃的麦当劳，每个人都点了巨无霸、鸡肉汉堡和别的什么，这就像是一次间谍行动：所有这些吃的都由一名球员的司机从酒店后门偷偷地运进来。日常生活里你是不会想去这么干的，这种事只有在极其罕见的情况下才会发生。我们可不是傻瓜，我们知道什么是应该吃的，我们只是被关禁闭关得要疯了，比如说整整一个星期，完全吃不到任

① Postman Pat，英国的一部儿童电视动画长片里的主角。
② Nando's，一家源自南非的葡萄牙风味烤鸡连锁餐厅。

何我们爱吃的东西。在这种时候，这些疯狂的举动让“垃圾食品”变得妙不可言，带上了某种反抗的意味。

有一次，法比奥·卡佩罗宣布说我们吃早餐的时候不许在面包上抹黄油。我记得我坐在那儿，默默地把作为替代品的橄榄油和盐抹到面包上。还有比这更糟的吗？橄榄油和盐，千真万确。而另一次禁令则是：“不许再吃冰淇淋。”哪怕只是一丁点儿的冰淇淋都被彻彻底底地禁止了。要我说，我们在英格兰队也就待那么四五天，他不会真的认为假如在其他日子里我天天早上在面包上抹黄油，这短短几天的禁令就能让我表现更好吧？

有时候你真的得信任球员的责任感。我们都是职业球员，如果我们一直过着毫无职业素养的生活，现在不会出现在这里。我们能照看好自己，但假如有人非要把我们当小孩来管，那就让我们真的像小孩一样胡闹好了。

也不仅仅是吃东西，我记得在格伦·霍德尔（Glenn Hoddle）带队的时候——在这一点上，他跟其他人一样严格——我们住在伯纳姆比奇斯（Burnham Beeches）的一家酒店里，被禁止去任何地方。当时我不到二十岁，天天都爱野在外面，但是突然地，就像被锁进牢房了，所以我让一个朋友饭后开车来接我。通常我们一天的日程是这样的：上午是训练时间，结束后在下午一点半或者两点左右吃午饭……然后就什么安排都没有了，直到晚上七点半开会！看起来我们好像就该在酒店房间里一直待着，这真令人崩溃。所以我就让我的朋友开车到围墙外等着，我偷偷地穿过厨房，从后门溜出去翻过后墙。我和弗兰克·兰帕德这么干过几次：我们想要的不过是开车兜兜风而已，或者去镇上听听音乐放松一下——就是普通十八九岁的孩子喜欢干的那些事，不过绝对没碰酒。我们从来不会去喝酒，而且我可以发誓，我们不是行为最糟糕的，这和跑去夜总会胡混不一样，我们只是不想被闷在房间里而已。在家里你就不会这么干，要不是真的闷得受不了，我们又怎么会故意在大赛前来这么一出？无聊可真是个问题。

长时间被困在酒店里无所事事还会有另一个可怕的结果，球员们很容易开始赌博。一开始也许只是小赌怡情，但很轻易就会变成几十万英镑输赢的豪赌。到那个时候，你已深陷其中，更糟糕的是你很难找到任何人来讨论这件事，因为你要么太尴尬以至于难于启齿，要么太上瘾简直杀红了眼。

我这么说因为我有过亲身体验。有一次，我因为赌橄榄球、赌狗和赌马一共输了 20 万英镑，我通过短信下注并且可以赊账，这过程实在太轻而易举了，于是我毫无警觉地就惹上了大麻烦。我的投注中介知道我有钱，所以上手没多久我就可以到处下重注。等我反应过来，已经欠了他 20 万英镑，我简直担心得要死。

好在最后我还是非常幸运地逃过一劫。我先是努力让自己的欠账减少到 10.7 万英镑，然后在一场 7 匹马参加的赛马里，以 1 赔 1 的赔率在最被看好的那匹马身上压了同样的数字。在电视上看那匹马跑起来简直如同慢镜头，吓死我了，不过在经历了我生命中最恐惧的几分钟后，它跑赢了，我也得以还清欠款。经过这件事后我学乖了，我把钱还给中介，告诉他再也不要发盘口信息给我了，也再也不要跟我联系，然后我把他的名字从我的手机里删除了。

第十六章　罗伊·基恩

* * *

他在假装吗?

我得说，作为队长，罗伊・基恩在各方面都棒极了，他会带领我们训练并且要求非常严格，如果谁看起来在偷懒，他一定会去提醒他们。有一次他召开了一个队内会议，狠狠地批评了达伦・弗莱彻在训练场里打电话的事，然后又猛烈抨击了另一些年轻球员不肯去健身房自觉加练。这么做是好的，因为年轻球员们开始改变坏习惯了——这是球队所需要的。但第二天当我走进训练场的时候，看见罗伊正在讲电话，和他所指责的弗莱彻的行为一模一样！我惊讶地问他："哇哦，你记得你昨天是怎么说的？"他很尴尬地笑了，不过大概在想："是的，但我可以这么做，因为我是老球员了——那些我都经历过，我是对年轻球员们说的。"

唯一一件我真的很遗憾的事是没能在罗伊最好的岁月里跟他一起踢球。我加盟曼联的时候他仍然是一位顶级球员，他深深理解这项运动，并且在很多场比赛里以他的方式决定了比赛，尽管如此，他还是已经过了巅峰时期。

在弗格森爵士的自传里，他描述罗伊是一位多么伟大的球员的同时，写到罗伊有时对人非常尖刻："罗伊全身上下最坚硬的部位就是他的舌头……"这是真的，在更衣室里他会斥责其他球员，尤其是奥利（Ollie）、约翰·奥谢和弗莱彻。我觉得罗伊在他们三个身上看到一点儿自己的影子，尤其是奥谢和弗莱彻。他们都是来自英格兰以外的英伦三岛球员，他不希望看到他们躺在功劳簿上不再求上进。

我还记得一个叫迈克尔·斯图尔特（Michael Stewart）的球员，他是个年轻的苏格兰中场，很有天赋，俱乐部也对他寄予厚望。有一天训练结束后，迈克尔正在脱球鞋，罗伊走进来对他说："我能预见，不出一两年你就会变成在艾宁顿斯坦利俱乐部①里混的那种球员，冲着队友们吹嘘你和罗伊·基恩、范尼斯特鲁伊这类球员在同一个更衣室里待过，有种你倒是现在拼命训练好跟我们一起上场踢球啊。"很明显那孩子被这段话打击得简直都崩溃了。但后来他还是入选了苏格兰队，并且在苏格兰超级联赛里拥有一个很不错的职业生涯。

是的，罗伊有时候就是这么直接。我记得我们联赛杯决赛 0：2 输给利物浦之后，他也吼我了。当时他在更衣室里冲着每一个人吼，然后突然就转向我："3000 万英镑先生？好吧，你连个屁都没证明过！"我坐在那儿想，他为什么要针对我呢？我回敬他的话大概是："是啊，你最会动嘴皮子了，你就继续吼吧。"不过他还是不停地大声斥责其他球员："我们怎么会输给利物浦那帮烂人！"

我可不怕这些，我不介意更衣室里的当面冲突——那起码好过憋在心里。如果你连这都受不了，那还不如早点儿走人的好。在我的成长岁月里，我和我的兄弟们一刻不停地吼来吼去，在西汉姆联的时候，球员们甚至会在训练场上打起来，反倒是在利兹联的时候，尽管整个阵容都非常年轻，争执却并

① Accrington Stanley，位于英格兰西北部兰开夏郡的工业镇阿克宁顿的足球俱乐部，目前在英格兰足球乙级联赛。

不多。

我刚到曼联的时候，球队经常处于一种一触即发的气氛里，队员们动不动就起冲突甚至打起来。因为罗纳尔多不肯传球，他和路德·范尼斯特鲁伊几乎就要大打出手。那时球队正在过渡期，我们有两年没有赢得什么奖杯，路德非常沮丧，他甚至向我挥过拳头，不过这也说明了足球对他有多重要。路德和我其实关系相当好，他试图打我那回只是气昏头了。当时，他大概心情太糟糕了，在训练场上踢倒了罗纳尔多，然后我就踢翻了他。后来有一次球传向他，我贴上去紧逼时踢到了他的脚后跟腱，下脚有点重，他转过身来就试图挥拳揍我。我闪身躲过他的拳头，说："想打我，下次记得打准点儿！"后来我们回到更衣室，他一下子就回复了常态，这就是职业素养，没什么隔夜仇，没人会真的吵个不停，其实用不了多久我们就会一起把这当笑话讲了。

但罗伊就不是，就算是跟主教练碰头，他也一副天不怕地不怕的样子，说："我才不管他呢。"坦白说，曼联电视台的那次著名访谈，就是他抨击队友导致弗格森爵士把他扫地出门的那次，在他来说已经算是和风细雨了。我在看那段视频时想，这比他平常在球队里说的可温和多了，在公共场合他可不会像平时那样对队友们喋喋不休的。不过我赞成主教练的看法，我也觉得作为一队之长，一名职业球员，就算你确实想要批评队友，去杂志或者媒体上曝光都不是正确的选择。如果主教练想这么干，那取决于他，他有这个权力，但你是一名球员，无论是不是队长这都不是你该做的。不过罗伊这么固执，他的反应恐怕是："这话我敢对任何人说，我告诉你我还会说的……"

罗伊走了以后，你能明显看到弗莱彻、奥谢和韦斯·布朗压抑的个性被释放了出来，就好像他们终于可以大口呼吸空气了。他们成长起来，越来越出色。我们也开始重回巅峰，这三位球员都是那支曼联的重要一员。

罗伊刚离开曼联的时候，大家都觉得他的个性中存在着"阴暗面"，但随着他开始参加电视节目，每个人又都意识到他是一个非常棒的冷面笑匠。这其中困扰我的事情是，我猜不透他，我曾经偷偷问自己："他这是在演戏吗？"

他会怒气冲冲地跑进更衣室，于是你想，该死的，他今天又要找谁茬了。但大多数时候，他跟大家一起开玩笑，打闹闲扯，更衣室的气氛非常欢乐，罗伊会参与大部分的笑话。如果有人不走运被抓住了笑柄，又或者谁的穿衣品位太糟糕，罗伊绝对不会放过他，而假如那个被嘲笑的倒霉蛋是他自己，他也会坦然接受。比如他总是讥笑别人拍广告什么的，他会说："你没什么问题吧？你可是个球员不是广告明星！"结果有一次，有个伙计带来的杂志里有罗伊替迪亚多纳（Diadora）还是七喜（Seven-Up）做的广告，那次吉格斯简直把他嘲笑惨了，但他笑笑也就过去了。

看到他去电视台担任解说嘉宾，我实在太惊讶了，因为我记得他以前是怎么嘲讽退役球员上电视的！他甚至会把电视调成静音，这样就不用听解说了。我曾经这么想过："等他退役后，大概再也没人会在电视上看到他了。"结果他隔周就出现在电视里，并且向观众展示了他性格中的另一面。

所以他也并非整天都扮演"不高兴先生"，他只是有一点儿情绪不稳定，有一点儿双重人格①。他时不时会因为一些非常琐碎的原因而爆发，而你是很难真正弄懂他的。有时候我会想：他在假装吗？我从来没办法搞清楚他。

罗伊有些时候是无与伦比的。我记得在海布里球场（Highbury）对阵阿森纳的那场著名的比赛里，热身结束走回更衣室的路上，帕特里克·维埃拉（Patrick Vieira）推搡了加里·内维尔。回到更衣室，加里说："他刚才推我。"所有人都转头看他："你说什么？"

"热完身，该死的维埃拉从背后推我。"

球员们沸腾了，我们想的是：他敢推我们的同伴，不能就这样饶了他！罗

---

① Jekyll and Hyde：这是英国作家罗伯特·路易斯·史蒂文森（Robert Louis Stevenson）的小说《化身博士》（*Strange Case of Dr Jekyll and Mr Hyde*）中的人物，是一部脍炙人口的经典小说。书中的主角是善良的医生 Jekyll，他将自己当作实验对象，结果却导致人格分裂，变成夜晚会转为邪恶 Hyde 的双重人格，最后 Jekyll 以自己的自尽，来停止 Hyde 的作恶。这部著作曾经被拍成电影、编成音乐剧，流传十分广泛，使得 Jekyll and Hyde 成为双重人格的代称。

伊一言不发。但是当我们站在球员通道里等待出场的时候，罗伊突然就冲着维埃拉大爆发了，电视摄像机记录下了一切。如今这件事早就成了一个传说，但想想看这一幕对队友们的心理暗示：发生这种事后我们是绝对不能输给对手的。后来我们 4：2 赢下比赛。这是罗伊作为队长最棒的地方——他勇于承担责任。

第十七章　黑人教练

* * *

我们可以成为蜕变的一代

在英超联赛里，大概有一半的天才球员是黑人或者有黑人血统，所以在管理层和教练里没有黑人显然没道理。为什么没有出现更多黑人教练呢？是否真的像有些人认为的那样，因为种族歧视呢？还是说答案其实并没有那么复杂？

这个问题是我跟年纪更大或已退役的黑人球员们聊天时冒出来的，我问他们："你们考到教练证书了吗？""没，跟你说这个没意思，我难道还真打算去当教练？"我理解这种感觉，因为太少黑人教练可以让人视作榜样了。但我还是认为这是一种失败者的态度。无论如何你应该先考到教练证书，然后找一个教练的活干起来，这样，就算失败了，你也能知道为何失败。如果你都不去考就说什么"我根本不打算做教练"，这就好像嘴里说着"我很棒，我想要为那家俱乐部踢球"，但问问你自己你真的有努力过吗？"不，这么做毫无意义，他们的教练是不会选我的。"你都没有试过你怎么知道？

很多现役或行将退役的黑人球员都觉得他们不会得到执教的机会，然而，问题其实可能并不在于肤色。担任教练或主教练的工作越来越像是一件依赖人脉的事情，如果你是某个人的熟人，你就能得到那份工作。这种事时常发生，有时候确实最终人选并非最优秀的那个，有可能决定因素是你或者你的经纪人认不认得俱乐部主席。比如像保罗·因斯或者克里斯·休顿（Chris Hughton），肤色有没有妨碍他们执教呢？克里斯在纽卡斯尔干得棒极了，然后去了诺维奇，同样非常出色，带队在英超联赛里表现稳定，直到后来球队开始陷入保级战，他被解雇了。作为主教练，遇到这样的事很正常，我不认为他的肤色跟这个有任何关系，如果他是白人也不会得到更多时间，这其中的逻辑是：你的球队表现不好，你就得为此承担责任。我跟克里斯不太熟，不过他是个真诚的好人。在我弟弟跟约翰·特里的那档子事发生时，他写了一封信支持我。他能始终得到执教机会，是因为他是一个真正的足球人，并且让自己做正确的事情。那为什么保罗·因斯会遇到困难呢？我也不知道，也许因为他选的球队太奇怪了吧。毫无疑问，他在米尔顿凯恩斯①干得很不错，但那之后就有点像坐过山车。至于克里斯·鲍威尔（Chris Powell）在查尔顿俱乐部原本也干得好好的，然后，俱乐部突然发生了变动。这和他是个黑人有关吗？我可不这么认为。

不过，上一代球员里那些出色的黑人球员没能成为伟大的主教练确实令人感觉很受打击，比如伊恩·赖特（Ian Wright）、约翰·巴恩斯、德斯·沃克（Des Walker）和韦夫·安德森。约翰·巴恩斯曾经在凯尔特人俱乐部（Celtic）试过一下，但浅尝辄止。那一代球员的机会现在看来已经白白溜走了，在足球圈里，离开几年之后是很难再回来的。

但无论如何，变化已经开始。新近退役的球员里，像索尔·坎贝尔（Sol Campbell）这样具有成为优秀主教练潜质的，都已经在为他们的教练证书而努力。希望我这一代球员可以成为蜕变的一代，希望我们能有所突破，消除类似“足球教练这一行对有色人种球员存在职场天花板”这样的偏见。

---

① MK Dons，即 Milton Keynes Dons F.C.，位于英格兰东南部白金汉米尔顿凯恩斯的职业足球队，2003 年由伦敦南部迁入，被视为温布尔顿的延续，目前在英格兰足球甲级联赛。

第十八章　我的一周和我的音乐

* * *

比赛

恢复

准备比赛

比赛

恢复

很多人会好奇，想知道球员的一周七天究竟是怎么度过的，现在我就来介绍一下曼联球员典型的一周生活内容。

星期一

让我们假设星期三在老特拉福德会有一场欧冠比赛。首先，我会从健身房里例行的一小时运动开始这一周：先是一些拉伸训练，用来稳固背部肌肉，然后是用来放松的跨栏练习，最后是少量针对腹部的核心肌群训练，这也对我的背有好处。这样一套做下来差不多就一个小时了，之后我会去室外进行一个短暂、轻量但要求敏捷的训练，其中不会有任何战术性内容，就是五对五的控球对抗，让大家的腿脚都能活动上一个小时。这部分完成之后，我会重新回到健身房，这回主要是进行上肢训练，同样也有助于我的背部：包括引体向上、伏地挺身、屈伸等。在健身房里，我一般都是自己练，只有在进行拉伸运动的时候可能会有一名理疗师在场，不过健身房里始终会有一名运动科学家在的。最后，我也可能做一会儿瑜伽，这要视情况而定。

星期二

这一天最主要的训练内容是一堂短时间的室外训练课，比起前一天来更强调战术部分。之后我们会花 10 到 20 分钟演习对手的战术，以便弄清楚他们喜欢通过什么样的方式把皮球从后场传到前场。他们喜欢用前中后三条线层层传递呢，还是更愿意起长传？他们阵中的哪些球员会带动一些特定的跑位？在比赛日的当天，我们会被叫去看包含更多细节的视频，以便弄清楚我们该对他们的哪几名球员多加关照，哪些区域又是他们最爱利用的，诸如此类，但这些在我们已经亲身演练过之后，都只是作为补充信息。有时候，类似的模拟训练和视频分析会相当有帮助，因为其中的某些场景真的会在场上出现，而到那个时候你就会想：“噢，我知道他们接下来想干什么。”每天——或者至少 90% 的情况下——在完成训练之后，我会在下午睡一个小时到一个半小时，回到家后我会花绝大部分时间来思考我将要去对付的对手。他喜欢用什么样的方式进攻？我会想象细节，当然我通常也会思考视频里看到的内容。此外，在家里，饮食是很重要的事：我会注意营养均衡，补充一些碳水化合物——意大利面、米饭或者全麦面包。

星期三

这一天我们在训练场上不会做任何太激烈的事，只是一些轻微的热身活动，然后就去看对手的视频。主要观察他们是怎么进攻的，然后会有一些关于他们队中危险人物的分析，以及他们通常以何种方式失球，有可能还有一点儿时间是关于他们的定位球——就这些了。教练组会通过视频告诉我们对方球员的某些小偏好，比如："从这里和这里看出来他的优势脚是左脚，他喜欢以这样和这样的方式射门，他的起脚非常快……"类似这样的信息。之后我们就会前往酒店，在那儿吃午饭睡午觉，睡醒后大约在赛前三小时吃赛前餐。这一餐主要是大量的碳水化合物，比如意面。我通常的餐单是：一大碗意面，一块分量普通的鸡块，一点儿土豆泥，也许再来一两个圆面包，然后我会再吃一份酸奶拌蜂蜜，一根香蕉，最后再来一杯咖啡。

然后我们就去球场准备比赛了。

我认为，音乐始终是非常要紧的，在曼联，我也让它变成了我们赛前仪式的重要组成部分。最初的时候，我喜欢放风格强烈的嘻哈音乐（hip-hop），但几年下来，我接受了不同的人有不同的音乐口味，为了照顾这一点我逐渐修正播放列表。年纪比较大的家伙们，比如队医和我们的装备管理员阿尔伯特，他们就都不喜欢嘻哈音乐。弗爵爷总是和颜悦色地抗议："这根本不是真正的音乐！你就不能搞点儿辛纳屈（Frank Sinatra）的歌来吗？"不过在这一点上他非常开明，他的态度是只要球员们喜欢，他就没意见。所以我为了兼顾所有人的口味，创建了一个混杂着各种音乐类型的播放列表，从特蕾西·查普曼（Tracy Chapman）的《快车》（*Fast Car*）、石玫瑰乐队（The Stone Roses）的《愚人金》（*Fool's Gold*）——这是这支曼彻斯特乐队的作品里我最喜欢的一首——到最近的歌手比如杰斯（Jay-Z）和德雷克（Drake）的歌。我们会在开赛前一小时到一个半小时抵达更衣室，先开一会儿会，然后大家开始换球衣球鞋——当然是在音乐的伴奏下。我会把音乐开得很响，其他人就开始他们的赛前例行活动：拉伸、接受按摩、打绑带什么的。音乐就是这所有事情的背景，让每个人都能心情愉快得到放松。当然，有时候某些品位奇怪的家伙会喊："这歌太垃圾啦！快关掉！"我就只得直接跳到下一首。这些年来，以下歌曲是最受欢迎的：

- 在我眼前 [*Right Before My Eyes*，N&G 搭档卡拉翰（N'n'G ft. Kallagham）]
- 快车 [*Fast Car*，特蕾西·查普曼（Tracy Chapman）]
- 愚人金 [*Fools Gold*，石玫瑰乐队（The Stone Roses）]
- 酒保 [*Bartender*，T-Pain 搭档阿肯（T-Pain，ft. Akon）]
- 成功 [*Successful*，德雷克搭档李尔·韦恩（Drake，ft. Lil Wayen）]
- 我的甜蜜宝贝 [*Sweet Child O'Mine*，枪炮与玫瑰乐队（Guns N' Roses）]
- 迷墙 [*Wonderwall*，绿洲乐队（Oasis）]
- 疯狂的秃子 [*Crazy Baldhead*，鲍勃·马利（Bob Marley）]
- 嘻哈俱乐部 [*In Da Club*，50 分乐队（50 Cent）]
- 言行举止 [*P's & Q's*，肯诺（Kano）]
- 美好的一天 [*Beautiful Day*，U2 乐队（U2）]
- 千分之一 [*A Milli*，李尔·韦恩（Lil Wayen）]
- 一点点幸运 [*Little Bit of Luck*，DJ 乐客和麦克尼特（DJ Luck & Mc Neat）]
- 出生底层 [*Started from the Bottom*，德雷克（Drake）]
- 果汁 [*Juicy*，克里斯托弗·华莱士（The Notorious B.I.G.）]
- 逆境向前 [*Dirt off Your Shoulder*，杰斯（Jay-Z）]
- 够了 [*Enough is Enough*，Y 部落（Y-Tribe）]
- 拥抱你 [*Hold You*，吉卜赛人（Gyptian）]
- 黑鬼在巴黎 [*Niggas in Paris*，坎耶·维斯特和杰斯（Kanye West & Jay-Z）]

我一般都会找个人一起在更衣室玩颠球游戏①，曾经是罗纳尔多陪我玩，

---

① 此处的颠球游戏（two-touch）不同于《好人莫耶斯》那章中提及的传射练习。

之后四五年里陪我玩的是小斯（保罗·斯科尔斯），我在曼联的最后一个赛季是和阿德南或者马塔玩，偶尔也会是维迪奇。每人每次只能触球两下，谁让球落地谁就输了，一般我们会玩上三局十分钟左右。如果是打客场，视乎更衣室大小，我们会在更衣室里找个地方或者去过道。当然，目的只是为了保持球感来为比赛做好准备。我有时会光着脚玩，有时穿球袜或者球鞋。小斯是最厉害的，如果他要输了，他就会直接让球砸向你，这样你就根本没办法救回来。这个游戏只允许用双腿和双脚触球，所以当他故意把球轰过来，皮球非常贴地，你几乎没可能再把球救回来。

然后出场热身。

然后上场比赛。

然后彻夜难眠。

或者至少你没法睡个好觉，因为踢完比赛后肾上腺素仍然在刺激着你的身体，你没法停止回想比赛的场景，尤其是输球时。你设想着你可以做的不同选择，关于这场比赛的所有“如果”“但是”和“也许”的情形在你脑海中跑马灯似的交替出现。如果运气好，天快亮的时候你还能睡上三四个小时。这跟比赛重要与否没关系，无论如何它都会停留在你的大脑里很久很久。

星期四

赛后这一天的训练目的就是为了从昨晚的比赛中恢复过来。先慢跑一小会儿，然后 20 分钟左右的单车放松，之后是在垫子上的拉伸训练。不过这些内容只针对参加了昨晚比赛的队员，没上场的家伙们还是会和平常一样去室外完成一堂完整的训练课。拉伸之后，我们就去游泳池里泡上半个小时，我们把这个叫作“深浮”（deep floating），其实就是坐在救生圈里漂着，这有助于消除肌肉里堆积的乳酸，放松肌肉。最后我们就以按摩完成这一天的训练……然后就回家了。

星期五

因为第二天会有一场联赛，所以球队会以“快速脚步”（quick feet）练习来开始这一天的训练课，好让我们再次动起来。然后我们就踢一场小型对抗赛，一般是老球员对阵年轻球员，基本上年轻球员们只有挨打的份儿。然后就回到室内，以和周中比赛类似的准备方式准备周末的联赛，同样平衡训练和休整的时间，同样的合理饮食和足够睡眠，同样在视频的帮助下做战术准备。

我在曼联的最后 3 个赛季里，比起年轻时更容易受伤，所以如果我参加了周三晚上的比赛，那么周五就是我的第二个恢复日，当其他球员去室外进行强度更大的训练时，我就只参加训练前的抢圈游戏（Piggy-in-the-middle），然后做少量的步法练习：从禁区到禁区的跑动，大约 8 次左右。再之后，我会在队内对抗赛快结束的时候参加一小会儿。我得限制自己不要过多地跑动，并确保没有太激烈的动作。媒体有一种说法是莫耶斯让我们训练过度了，我倒不这么认为。

无论周六的比赛是主场还是客场，我们都会在周五入住酒店。所以完成这一天的训练后，我会先回家睡上一到两个小时，然后和队友们一起出发去酒店。我当天的晚餐会是一碗意面，上面浇点儿意大利肉酱，或者再来一份鸡肉或者牛排，接着——在弗爵爷治下的时候——低脂薯条和西蓝花或者别的什么蔬菜，最后，我会吃一个美味的布丁，配上一点儿海绵蛋糕和冰淇淋。回房间之后，在上床前我通常会再吃一块巧克力排或者几块巧克力饼干。

星期六

在比赛日，我 7 点半到 8 点起床，直接下楼吃早餐，一般是奄列[①]或者煎蛋配吐司，然后喝一瓶酸奶，很可能再加根香蕉，这些在酒店提供的自助早餐里都会有，有时候我也会选择燕麦粥代替鸡蛋。赛前餐同样在比赛开始前 3

① Omelette，煎蛋卷，通常还会加入奶酪、肉和蔬菜等。

个小时的时候吃，所以如果比赛在下午 3 点开始，我们就 12 点吃；如果是下午 5 点的比赛，那么赛前餐就会被安排在下午 2 点。比较麻烦的是那些为了迁就电视转播而安排在早场踢的比赛，比如说如果是下午 1 点的比赛，那我们就只好取消早餐直接吃赛前餐了。可是上午 10 点坐在那里吃一大碗意面还真是蛮反胃的，尽管如此，也得逼自己把这些东西吞进肚子里去，因为只有这样，身体里才能有足够的能量支撑球场上的表现。（现在回头看我年轻的时候还真是挺神奇的，我记得我 18 岁的时候在西汉姆联，我的赛前餐基本上就是一些煮豆子搭配土司，一点点鸡肉，然后也许还有一根香蕉和一杯水。我之所以吃得这么少，起码有一部分原因在于我的情绪，我太亢奋了以至于完全不觉得饿。跟那时候相比，我现在吃得简直像个大胃王！）

在曼联，我们还养成了一个傻乎乎的要咖啡的习惯。一般是我们四个：我、强尼・埃文斯（Jonny Evans）、韦恩・鲁尼和老吉，当其中一个提出："可以给我一杯咖啡吗？"其他人就会依次跟着说："啊，我也要，我也要，我也要。"就像多米诺骨牌似的。有时候同桌还有其他人，可能是保罗・斯科尔斯、罗宾・范佩西、维迪奇、卡里克或者弗莱彻，总之无论是谁，只要我举手想要一杯咖啡，其他人就都会跟着要，然后人手一杯咖啡。之后去更衣室后，我还会再来一瓶红牛（Red Bull）。这都有助于提高肾上腺素水平。

完成上述这些后，我们就像平常一样赛前热身，然后踢比赛。

赛后，我们会拿到一个小礼包，里面有巧克力和糖果，因为队医希望我们能在赛后立即补充糖分。所以，比赛结束回家的时候，车子后座就像开着家糖果铺子似的，有糖果、巧克力、汽水，其实还有含蛋白质和碳水化合物的运动饮料，但我们得在更衣室里直接喝完。很多次的周六比赛后我失眠了，无论输赢还是平局。我有时都会在凌晨三四点钟发推特（Twitter），因为实在睡不着，比赛的情景还在我脑海里盘桓，而肾上腺素也还在我身体里作祟。相对来说，早场比赛后会好点儿，毕竟有差不多一整天的时间来平复情绪，不过依然不容易睡得着。

星期日

比赛之后的这一天我同样会去进行放松训练。骑会儿单车，去游泳池里泡着，消除积累的乳酸、放松紧张的双腿。通常我还会再做一组健身运动。然后我就回家了，和孩子们在花园里玩上一两个小时，睡个午觉，晚饭来个烤肉大餐。如果孩子们不缠着我的话，我晚上就窝在沙发里看周日的比赛。

然后，新的一周就又开始了。

第十九章　说垃圾话的人

* * *

踢球得带着腿啊

你根本没有腿

你的腿哪儿去了

足球是个心理游戏，从这点说你和对手球员始终带有单挑的味道，你会试图去看穿他们掌控他们。对方前锋在想什么？他看起来没我快，没我强壮，看我在他周围活动他觉得不舒服了，我想他应该是怕我。如果我跳起来争个头球，或者退开一点儿对他架起手肘，再或者鞋钉碰到他后背时力道更大一点儿……如果我在比赛最初的几分钟这么干的话，我知道有些球员在之后的比赛时间里都会躲着我，他们会找别的区域活动。我们都在试探对方的底线，前锋们有他们的伎俩，我们也有我们的。

也有些时候这种较量是言语上的。对于说垃圾话这件事我觉得非常带劲，尽管我自己在球场上很少听到，这有可能是因为我在曼联踢球，大多数情况下我们都会赢，对方球员如果先挑衅到最后又被击败，那就像在自抽耳光了。但这正是我热爱美国体育运动的一大理由，在篮球和美国职业橄榄球比赛里你体验到的那种互动，简直是太带劲了，我做梦都想试试。如果我是前锋的话，你永远都别想让我闭嘴，我会像电影售票处那样吵，我会好像站在房顶上那样大喊大叫。每一场比赛前，我都会动用社交媒体和报纸对我将要面对的中后卫喊话，我会说："明天你一丁点儿机会都不会有，我会摧毁你……" 我会让这一切在比赛中持续，我会彻底过掉他，然后起脚射门，接着我会对他说："下回小心点儿，否则下次你就会付出代价。看看你！踢球得带着腿啊，你根本没有腿，你的腿哪儿去了？" 我会打击他的信心，在他头一次触球的时候就对他说："哎哟，你看起来太紧张了，球迷都能看出来，他们会看见你在崩溃，我太担心你了。这实在不是你表现的场合……这场面太大了。"

这事就该这么干。我可能甚至会搂着他的肩膀说："听着，兄弟，如果你需要我的话我一直在这里的，明白？" 侮辱对手是毫无意义的，什么"你是个傻瓜，你是个混蛋"，这种话一点儿杀伤力都没有。"伙计，你水准实在不够踢这比赛啊"就好用得多，或者"我会悠着点儿踢，照样灭你，但我实在是同情你所以我不会使全力，放心，我不打算让你的职业生涯完蛋。"下一次他触球的时候，他会紧张到崩溃的。

不幸的是我永远也没机会这么干，因为我是个防守球员。作为防守球员，这么做只会自找麻烦。让我们这么说吧，我完美防守了 90 分钟让对方前锋几乎连球都碰不着，整场比赛他都在我的阴影之下——他被看得死死的。我比他快、比他聪明，甚至就算他停下球、转身、面对我，我也能把球从他的脚下踢走。然后，在伤停时间里，他幸运地踢出个折射球，皮球就进网了！如果我整场比赛都对他说着垃圾话，那这时候他就能转过身来回击我了。这就像我对阵费尔南多·托雷斯（Fernando Torres）的情形，通常整场比赛里他都碌碌无为，只有一小段时间踢得还不错。然后怎么着？人们就说："那场比赛里托雷斯把你爆成渣。"我只能对自己说："好吧，事实是我跟这家伙对上 8 次，其中有五六次他连球都摸不着。"但防守球员的日子就是这样的。

不同的球员会试图用不同的方式来使你心神不宁。在我 18 岁的时候，有一次我要对付伊恩·赖特，他是我成长岁月里的偶像。我们获得了一个角球，皮球在球场的另一头，于是我站在中线附近盯防他。他先是盯着我看，然后他用手指着我的头，说:“看看你，看看你，你全身瘦得皮包骨头，你还觉得自己棒极了，对吧？”然后他试图碰我的头，我把他的手挡开，他就继续说:“嘿，我看穿你了，我就在你脑袋里，你在想什么我都知道，我就在那里面。”我想:“不要脸的混蛋！”我讨厌他。但是在比赛后他又变回了友好的样子，开着玩笑跟我说:“不不，那些只是在球场上说说的……”诸如此类的话。我的反应还是:“我不喜欢这家伙。”不过后来我和他还是成了朋友。

克雷格·贝拉米（Craig Bellamy）的风格是“独一份”的。他的垃圾话是冲自己队友去的。他会这么说:“你看看他，他到底来这球场上是干什么的呀？他就是个垃圾！……看看我这是在跟什么人一起踢球啊！……我怎么就得跟这种蠢队友一起踢球呢？”我可不能把他提过的名字说出来，这对他不公平。我始终不知道他这么说是当真的，还是只是针对我的策略，不过他这么做实在太滑稽了。

偶尔，你会遇见有人把这事完全搞砸的，比如沃特福德（Watford）的丹尼·希图（Danny Shittu)。那是赛季开始的头一天，也是沃特福德重返英超的头一天，他在等待出场的通道里嚷嚷着。他可能只是太紧张了，很多从英冠刚刚升入英超的球队都会这么干，他们会觉得喊大声点儿会让自己听起来强大。不过曼联是一支安静的球队，我们更愿意开场后用我们的表现说话。总之，丹尼没怎么搞明白恐吓得怎么玩，他喊的是:“大家加油！他们也不过是人类。”我们听见这句话忍不住面面相觑，意思是:“这是唱的哪出？这家伙是来搞笑的吧？”伙计，要喊你也得喊到点子上啊！

公平地说，那场比赛沃特福德踢得很不错，我记得我们最后是赢了个 2∶1 吧，但绝不轻松。一般赛季的头几周对阵升班马（Newly Promoted Teams）的比赛都不好踢，每个赛季新的赛程表排好后，我最先找的比赛是对阵利物浦、曼城和西汉姆联——那是我出道的俱乐部——然后就看和升班马的比赛。

最好能在赛季初期避开他们，在10轮过后再碰到他们会比较好，那时候他们的兴奋劲儿已经过了。赛季初期遭遇升班马是会造几个冷门的，因为升入顶级联赛让他们还热血沸腾着呢。

当然，他们的球迷也一样。我得再次申明，喧嚣的人群完全不会影响到我。我们在伊斯坦布尔跟加拉塔萨雷（Galatasaray）和贝西克塔西（Besiktas）都踢过，比赛开始前，这两个球场都吵得快翻天了，简直疯了，不过这种情况下，你是听不清人群到底在喊什么的。安菲尔德也很喧闹，你其实也听不清楚人们到底在嚷什么。凯尔特人的主场大概是我见过的呐喊声最高的球场了，欧冠比赛前的那种吼叫声简直令人难以置信。我知道这些球队的球迷是想让我们感到恐惧，但我反而觉得这更像一种激励。我会感到脖子后面的汗毛都竖起来了，会看着队友们说："太棒了，踢球为的可不就是这个！"然后上场，直面这一切。我热爱这种激情和刺激的感觉，越多对方球迷针对我们，赢球后的快感也越强烈，所以我说这就是一种激励。

真正会困扰我的是安静。我总是发现，最难以对付的是那些你看不透的球员——那些喜怒不形于色的球员。像博格坎普（Dennis Bergkamp）、劳尔、梅西（Lionel Messi）、哈维（Xavi Hernández）、伊涅斯塔（Andres Iniesta）和齐达内（Zinedine Zidane）这些球员，他们不仅拥有令人难以想象的技术，还是面无表情的。你可以瞪他们，试着推搡他们，对着他们喊，但他们就只是把你当空气。有一次，当时我还很年轻，在利兹联，我问丹尼斯·博格坎普："比赛完了交换下球衣吧？"

"我不交换球衣。"他回答，冷得不带丝毫感情。

这尤其让我感到他好像高高在上俯视我，仿佛像掐灭一支香烟一样碾压了我。我想着："你这个混蛋！"之后再跟他在场上碰上，我都很讨厌他。同时我也不再要求跟别人交换球衣了，我意识到这有可能让对方拥有对你的心理优势。

跟劳尔类似，博格坎普也惯常踢那些无法上去紧逼的位置，你没法去贴近他或者做些什么去干扰他的比赛，唯一能做的就是预判他的传球线路并予以拦截，但这是非常难的。我记得有一次，蒂埃里·亨利跑位接博格坎普的传球后打入一球，博格坎普在完美的 10 号位上，我无法压出去紧逼他。传球悄无声息地切进我们的防线，两个伟大的球员心有灵犀——一次完美的配合——对此你无能为力。

希勒是另一个很难看透的前锋，他在想什么？我搞定他了吗？ 90% 或 95% 的前锋你是很容易看出来他内心是否已经放弃抵抗了，但像希勒这种……你从来都猜不透。这种类型的，他们甚至像是彻底无视你的存在，你尝试拍他的头，或者试图眼神接触，完全不会有回应。看不透的人是最危险的，就好比我年轻的时候跟人打架，最让我担心的永远是那种安静的家伙。对付爱吼爱尖叫的家伙？没问题，因为你知道他们在哪儿，就算他们以 160 英里的时速冲过来我也可以提前做好准备。但那些一声不吭的家伙，正眼都不看你，面无表情的……我不知道他们想要干什么，这就是麻烦所在。

凯文·戴维斯、邓肯·弗格森、迪昂·达布林和莱斯·费迪南德是另一种类型，面对他们，我有时候喜欢正面对抗，而另一些时候，我也很狡猾地拒绝正面应战。他们会试着故意冲过来撞我，想迫使我做出肘击的动作……我才没那么傻，我会躲开，然后在他们身边游弋。有些球他们意外地发现自己竟然能控住球，可这是我存心的，紧接着我就会还以一个铲断。我年轻的时候非常瘦，只有 120 多斤，所以跟邓肯·弗格森这样的球员比强壮是毫无意义的。如果我看到皮球往他那边传，我会紧逼到他身后，比如从左侧贴上去，等他把球停下来时，会惊讶地发现我在另一边冒了出来。我会玩类似的花招，因为我知道我迎上去面对的家伙想干什么。但那些冷静、聪明、沉默的家伙就太难以捉摸了。

第二十章　足球以外的兴趣

* * *

我的连帽衫呢?

最近这些年里，在足球世界之外，我也发现了不少有趣的东西，当然，在我这儿，足球始终是第一位的。不过人生苦短，还是有不少事情值得一试。和很多球员一样，我的视野也一度相当地狭窄，除了足球大概只对泡夜店真正有兴趣。在 16 到 22 岁期间，我是一个彻头彻尾的派对动物，现在回想起来那些年简直是污点，这些经历对我毫无帮助。那之后，我变得更职业，我也结婚生子成为一位父亲和丈夫，我的世界从此变得宽广。

我从来没有计划过要涉足时尚圈或社交网络，或者办一本杂志采访音乐人和电影明星什么的，这其中的每一件事，我都纯粹是跟随自己的直觉去做，并同时保持着对世间万物的好奇心。举个例子吧，我开餐厅是因为有一天一个朋友问我:“你有没有兴趣开个餐厅？”他说有个铺位要转手，问我有兴趣吗。那地方原来是家印度餐厅，我们都去吃过，相当不错的地方，不过作为曼彻斯特市中心的餐厅，那地方有个很大的劣势：他们不卖酒！餐厅老板现在不想续租了，所以我们就过去看了一下，然后同意接手，就这样我们租下了这个铺位。我们决定把它改成一家意大利餐厅，起名叫“罗素”（Rosso）。在意大利语中，这词是“红色”的意思，如同曼联，不过这并不会让你一下子就想到两者之间的关联。我不想用自己的名字，或者其他让人能直接联想到俱乐部的名字，我希望依靠餐厅本身的品质获得成功。

我家里从来没人涉足过餐饮行业，不过这也是吸引我的原因之一。后来我们花了一两年工夫使罗素真正成为一家成功的餐厅，现在一切都步入了正轨。食物很不错，顾客川流不息，恐怕算得上是曼彻斯特最时髦的餐厅之一，它甚至曾被票选为西北地区年度最佳餐厅。如果我在曼彻斯特我会不定期地过去吃饭，有时候一个礼拜去两次，有时候六个礼拜去一次。那地方真的很棒，会遇到很多有趣的人，我很享受这一切。事实上，这餐厅很赚钱，不过这不是重点，对我来说，坐在自己的餐厅里，和大家一起享受美食和美好的氛围，看着其他人也都很满意这一切，那感觉简直无与伦比。

当然，在这件事情上我和主教练起过一点儿争执。弗格森爵士才听到一点儿风声就把我叫去了，对我说：“你这是打算干什么？我不希望你开什么餐厅，到时候你会整天坐在吧台里喝酒什么的。你可是个球员！”对他来说，这事听起来可能是不怎么合适，也许他觉得我会就此堕落成一个酒鬼。我猜俱乐部里每个人都记得乔治·贝斯特和他在布里吉大街（Bridge Street）的店，还有一些球员有开酒吧或者夜总会的经历。我试图让主教练平静下来，我说：“我不会自己去做披萨或者干酒保的活！这不过是我的一些朋友用我的名义开了这个餐厅然后打理它。如果干得成，那最好不过，如果不成我们也就是尝试一下。”

事实上，这件事我从头到尾仔细考虑过，其中最重要的一点是，我确信它不会对我的职业生涯有丝毫影响，甚至，反而会有好处。相比泡夜总会、上网赌博或者别的什么，开餐厅是一个靠谱得多的爱好。我已经足够成熟，清楚地知道要怎么做才能把我自己的心理和生理都调整到可能达到的最佳比赛状态。足球百分之百是最重要的，没有任何事情可以动摇这一点。从前，对于任何商业计划我都是一口拒绝的。但年近三十，对于需要怎么做来为比赛做好准备我已经一清二楚了，我能分辨出哪些会是干扰，而哪些会有好处。基于这样的立场，我才认为我可以兼顾足球以外的兴趣了。我不确定我是不是彻底说服了弗格森爵士，不过在我解释完自己的立场后，他没有再阻止我。

在弗格森爵士的自传里，他提到不允许我干足球以外的事情，不过关于吹牛老爹①的故事，事实略有点出入。我和吹牛老爹曾经有过一次合作，他当时说他再来英国的话会通知我。后来我们去丹麦踢一场欧冠比赛，吹牛老爹打电话给我说："嘿，我正在哥本哈根表演，你有空来看吗？"我回答说："不行。"因为第二天我们有比赛，于是他就说那他来酒店，也正好会会我的队友们。对他而言，这显然是一次公关良机，他想要跟球队合影，我说没问题。然后我立即告诉了主教练，跟他解释了整件事，他的反应是："撒尿老爹②？这是怎么回事？他是谁啊？"弗格森爵士从来没听说过吹牛老爹。但与此同时，球员们的反应则是："伙计，快把他带来！我们要跟他合影！"所以我说："老板，球员们都想见他，他也想来，他只是要拍个合影，然后就会离开。"于是主教练同意了："好吧，没问题。"整件事情就是这样，吹牛老爹后来到了酒店，也和主教练握了手，如此而已。

弗格森爵士认为接受媒体采访和办杂志都会让我分神，因此，如果我有一两场比赛表现不好，他就会把我抓进办公室，说："你到底想做什么？该死的电视明星或歌手吗……还是一个球员？"我一般也就一笑而过，因为我知道这些不会对我的比赛造成影响，我从来不会让这些事情从任何角度影响到我的训练或者备战。

我的杂志《5号》（*#5*）和时尚圈的那些工作就更具实验性，对我来说更像是在进行案例研究。

---

① P. Daddy，吹牛老爹原名 Sean Combs，是美国著名的嘻哈音乐人，早年曾作为唱片制作人监制过玛丽亚·凯莉（Mariah Carey）、Boyz II Man 等人的唱片。

② 因为 P 和 Pee（撒尿）谐音，所以弗格森爵士会有这样的误会。

我是从2010年开始做这个杂志的，当时新一代体育管理公司的佩特·史密斯[①]这么建议我，我回答说："你疯了吗？谁会想买我做的杂志？"他说："不不，我们会做成免费的在线杂志。"我说："可是你不可能印刷杂志不用付钱啊。"然后他们就跟我解释说事情是这样的：比起印刷实体杂志来，做在线杂志的花销可以大大降低。这么做没什么风险，然后你就看到会有多少人愿意浏览这本杂志。于是我说："那好吧，我们试试看。"我喜欢这主意，因为它是免费的又很环保，所以我想着不妨一试。

一开始我们只打算花6个月时间做3期杂志，然后看看有什么反响。我负责采访明星作为封面故事，杂志的其他内容会由别人负责撰写。我采访的第一位就是"50分"，他是当时世界上最著名的说唱歌手。我的一个熟人认识他，他恰好在伦敦，所以我就去和他见了面，我们聊得非常开心……接下来的事大家都知道了。从那时起，我采访过体育明星、音乐人、电影人和时尚圈人士，我享受其中的每一分钟，我喜欢挑战新领域的感觉。在此之前，我从来没有采访过任何人，但现在我和不同行业里我所尊敬的人会面。我们把整个采访过程都录制了下来，我提的问题都是我自己感兴趣的，比如：你是怎么取得现在这样的成就的？此刻还有什么能激励你继续向前？你怎么准备一场演唱会？具体流程是怎样的？完成一场成千上万歌迷对着你尖叫的演唱会后，你怎么让自己平静下来？我自己踢完一场比赛后，就很难从那种兴奋状态回归到正常，所以，你是怎么应对的？

在这一过程中，我得以跟我的好多偶像见面，能见到他们让我非常兴奋，当然我也会紧张，因为我崇拜他们啊。我最紧张的一次是跟罗杰·费德勒（Roger Federer）见面，前一天他刚刚打破了温网夺冠次数的纪录。我去

---

① 新时代体育公司（New Era Global Sports Management）是一家英国的体育管理和经纪人公司，佩特·史密斯（Pete Smith）是负责人之一，他曾作为职业球员在布赖顿俱乐部（Brighton Football Club）踢过6年球。

拜会并采访了他整整一个小时！整整一个小时啊！他也热爱足球，他看过我踢球，他让我放松下来。我们互相开玩笑，气氛融洽，他做什么事都看起来得体极了。我喜欢他对待自己的方式，他对比赛和胜利显现出一种非凡的冷静。而他在如此长的时间里始终保持这样的态度，则令我更多一分敬意。他的比赛令人赏心悦目，我尤其爱看他的单手反手击球，有一种回归传统的美感。我想他大概看出了我的敬畏——我实在没办法掩饰这一点，但他表现得这么有亲和力，这么谦和平静。后来他说："如果你什么时候想再来玩，或者你想要什么……唔……我是说我的网球鞋或者别的什么，请尽管说。"我想："我的老天！这可是罗杰·费德勒啊！"

和威尔·史密斯（Will Smith）的会面让我明白了明星和超级巨星之间的差别，你只能跟他聊 10 分钟，一秒钟都不许超过！不过他本人非常亲切，而且在这 10 分钟里，他确实是全心投入的。也有些时候，我原计划做一个 20 分钟左右的访问，结果却得到了一个小时。比如杰米·福克斯（Jamie Foxx），我就得以和他待了整整一天。米基·洛克（Mickey Rourke）拥有一个令人难以置信的人生，因此在读完他的故事之后，可以和他一起坐下来聊聊天也让人感到不可思议。我跟乌塞恩·博尔特（Usain Bolt）见面是在他某次破了自己保持的一项世界纪录之后，我问他赛前吃了什么，他回答说："炸鸡块啊，还有我超爱饺子的！"我的反应是："什么？！你在开玩笑吧？"这就像有一次有人问我，我在伦敦时出门搭什么交通工具，我回答说"搭地铁"，他们的反应也是"什么？！你在开玩笑吧？"

当时我们给这个杂志起名叫《五号》是因为我的球衣号码，后来它就变成了一个品牌。这主意是我和新时代公司的家伙们一起想出来的，我们最初的想法是：它有没有可能变成一个品牌呢？然后我们就想道：我们已经有一个"五号"的图案了，如果我们把它印在什么东西上……比方说印在一顶帽子上吧，会发生什么呢？为什么是帽子？因为帽子比衣服简单得多，买帽子是不用试的，均码就能满足所有人。当然，下面的想法就有点实验性了："让我们试试看完全通过社交网络来推广，不卖广告不进行公关活动。”当时差不多是2011年的年初，所有人都在玩推特。有一次我正好在电视里看到一场比赛，是雷·威尔金斯解说的，他不停地说：“站稳了……你得站稳啊……他当时应该站稳。”他起码说了有25遍！所以我就把这话做成了一个推特标签，每次我看到机场里有人躺着，我就拍张照片发到推特上，然后标记上“#站稳了”（#stayonyourfeet），看见有人滑铲也一样，发推特：#站稳了。我随时随地都这么做，然后它就变成了推特上的一个热词。

当我们赛季前去亚洲巡回的时候，我跨出了我在时尚界的第一步：我制作了一批胸前印有“站稳了”（Stay On Your Feet）的T恤。然后仅仅通过社交媒体，它们顷刻间就被一抢而空，棒极了。无论我们到哪里，人们都穿着这T恤，并在体育场里大喊：“里奥，站稳了！”我想：“这真是疯了！这么快就流行起来了！”我们几乎凭空就卖出了这么多的T恤，于是我们忍不住想：让我们来试试通过这本杂志我们还能干点儿什么。当时我们已经有了大约50万的订阅者，在推特上我大概有200万的追随者，在脸书（Facebook）上也差不多是这个数字，所以……我们觉得：“是时候了！”

我开始推广我的帽子。每次我跟人做采访的时候，我都会送那个人一顶帽子，有些人会直接戴上，有些则不。我不会要求他们戴，不过我会说：“嗨，这是送给你的一点儿小礼物……”杰米·福克斯就全程戴着我的帽子，刘易斯·汉密尔顿（Lewis Hamilton）也是，尼克·斯彻金格（Nicole Scherzinger）竟然又去买了一顶！一开始这只是一个实验，但突然间飞跃就发生了。每次我们拿出一个新颜色的帽子，它们就被一抢而空。接下来，我们开始尝试连帽衫——同样一眨眼就被抢光。有一次我去迪拜，泰尼·坦帕（Tinie Tempah）问我说：“里奥，我的好伙计，我的连帽衫呢？”当我和奥利·莫尔斯（Olly Murs）一起为英国国家广播公司（BBC）录制世界杯前瞻节目的时候，他也问我：“里奥，我要跟四个朋友一起去度假，我们都想要你的帽子！”

这些东西都卖得太好了，所以我现在得回过头来重新规划一下这件事，以更恰当的方式进行，好在未来更上一个台阶。几乎所有的大型高街①商店都向我表示了他们的兴趣，百货公司的买手们也来跟我说："里奥，我们想要你的运动套装和T恤！"但是，在踏出这一步之前，我们得非常小心，确保这些衣服的品质不会弄砸牌子。

目前，我们还是只进行小批量的尝试，看看哪些东西会得到好的反响。当然，新时代公司也有一个团队跟我在一起，他们会管理每天的日常事务。但是，涉及到想法、颜色和风格这些方面，我就必须亲自参与。

这是一项新的事业吗？恐怕还算不上。像是时尚、杂志或者别的什么，我都还只是在探索和尝试。人们整天都会给我出新点子，"干这个！"或者，"老兄，快投资那个！"但说到底，最终赌上的还是我的名字和我的声誉。到目前为止，一切都进行得不错，希望未来还能继续往前，如果进行得不理想也没关系，我们会换别的事情尝试。对我来说，这是一个非常棒的经验，我得以学习商业、媒体、公关以及很多别的东西。我始终没有时间去念大学，但我也始终在以自己的方式学习着。

---

① High Street，高街的原意——尤其在英国——是指城镇中最主要的商业街，但现在也用于指一种介于奢侈品和街头流行之间的时尚风格。

第二十一章　保罗·斯科尔斯

* * *

人肉卫星制导

如果保罗・斯科尔斯像蒂埃里・亨利或者大卫・贝克汉姆那样性格外向乐于表现的话，恐怕地球上不会有比他更出名的球星了，不信你可以去问问足球圈里那些伟大的球员。比如去巴塞罗那和哈维、伊涅斯塔聊聊，或者去找帕特里克・维埃拉和齐达内也可以，甚至在网上搜一下他们的看法好了，他们都说过保罗・斯科尔斯是他们遇到过最难对付也最值得尊敬的英超球员。斯科尔斯在他们任何一个人的最佳球员排行榜里都稳居前三，他绝对是无与伦比的。

因为斯科尔斯的安静个性，在诸如年度最佳球员这种票选里，他的价值总是会被低估，但是有一些事情可以说明在曼联人们有多看重他。斯科尔斯的铲球技术并不高明，他在训练时经常踢到人，但不知怎的从来没有人对此有怨言，换成其他人像小斯这么干，早就会成为大家的眼中钉了！然而大家都如此喜欢他和尊敬他，所以不会介意。甚至，当他在比赛中因此被红牌罚下，大家都不会太介意。有一次在一场做客国际米兰的重要比赛里，开场大约十分钟，斯科尔斯就吃到了红牌，然后我想的是，好吧……这也没什么，小斯在以前的比赛里拯救过球队那么多次呢。连主教练大概都是这么想的，所以他给予小斯的自由恐怕是其他球员都没有享受过的。

这些都是因为保罗·斯科尔斯毫无疑问就是曼联最好的球员，和他一起踢球是我梦寐以求的，他就是这么一个伟大的球员。他在球场上始终低调，但他所做的，都是独一无二的。

人们总是谈论斯科尔斯的一个标志性动作：从球场一侧到另一侧的长传调度。是的，有很多球员能做这类长传，很多球员可以把球从右路转移到左路或者从左路转移到右路。但是，很少有球员可以做到在这一脚传球的同时，直接穿透对方两到三名防守球员！而斯科尔斯一直是这么干的。他从来不会求稳地把球传到对方防守球员身前，他会用传球摧毁对方的防守球员，让他们只能望球兴叹，而我们的边锋则会直接越过防线抬脚射门，或者无人干扰地起脚传中。人们会说哈维·阿隆索（Xabi Alonso）、皮尔洛（Andrea Pirlo）或者托尼·克罗斯（Toni Kloos）也能这么干，是的，他们都是伟大的传球手，也能踢出这样的球，但他们通常还是会选择在更保险的情况下才这么做，不会像斯科尔斯这样频繁地送出如此精准制导的传球。小斯就是个人肉卫星制导仪！训练场中他能从30米外远射破门，这简直超乎想象。你可以去网上看视频，这就是艺术。

在球场上，他永远愿意挺身而出，永远在要球，无论场上比分如何，他都不畏惧接应和拿球。作为一名中后卫，他是我始终可以信任的一个出球点，哪怕他自己正受到对方紧逼。这样一个队友是无价的瑰宝。此外他还进过这么多关键球，而他做了这一切，还保持着如此诚实和低调的性格。

他是我见过的最具天赋的球员，这在我们歇了一两个月重回球队进行季前准备的时候就能看出来。对于其他人来说，通常需要花上两周左右重新找回节奏，调整传球和射门的精准度，但小斯不用。他回来，然后训练的第一天就是场上最佳，从来如此。可是他也一整个夏天没有碰皮球啊！他有可能速度变慢了一点，但是他的技术和球感还是跟他去度假前一模一样。

在他第一次退役后，他后来又回来和我们一起训练了几天。我们当时都不知道他打算复出，直到他在对阵曼城的比赛前出现在大巴上。我问他："嘿，你怎么也在这儿？"他说："我跟你们去看比赛。"我回答说："哦，太好了。"在更衣室里，主教练宣布出场名单……小斯是替补。这可太棒了！斯科尔斯回来了！他有七八个月没有踢球了，但当他一回来和我们训练，他依然是场上最佳！这简直太荒谬了啊，他就这么一下子又回到他从前的水准。

我记得我时常穿越整个球场去和斯科尔斯一起庆祝进球，并跟他说："太开心了，老兄！跟你在一起踢球真荣幸。"我也这么跟老吉说过，都是肺腑之言。他们都是那种哪怕完成了一件惊天动地的事情，都可以一笑置之的人。如果换成我或者其他任何人，我们会大喊大叫着庆祝半天，但小斯就会一溜烟跑掉，好像这只是平常小事没什么了不起的。

人们不了解斯科尔斯，，以为他是个很乏味的人，但其实在足球圈里，他可以比我认识的任何一个人都更能挖苦人。他不是一个记仇的人，但偶尔也会对别人做几句小小的点评，非常敏锐，是一个冷幽默高手。我从来没想过能有机会在电视上看到他，当他 2014 年赛季末第一次出现在天空体育时，我想："哇，他愿意对着这些人打开话匣子了。"他确实这么做了，他痛斥阿森纳，批评杰克 · 威尔希尔（Jack Wilshere），不过他也没有饶过我们。当时队里的小伙子们聚在一起看，我们都被逗乐了，否则还能怎么样呢？我们都知道斯科尔斯的脾气。小斯是一个诚实的人，有什么说什么，而且他说的都对，所以我们没什么可抱怨的，只有乖乖闭上嘴，小斯只是实话实说而已。

第二十二章　老实人弗兰克

* * *

关于我们的友谊

兰帕德一家于我有大恩。老弗兰克·兰帕德（Frank Lampard）是20世纪70年代到80年代西汉姆联的强力边后卫，正是他将我介绍入队，之后他们全家人都对我关怀备至，让我不胜感激。我15岁为莱克希思区踢球的时候，老弗兰克就在关注我，并推荐我去西汉姆联参加一堂训练课。结果路上堵车，我迟到了45分钟，这让我十分沮丧，不想再去那里了。但他的意见很坚决，再次找到我，告诉我俱乐部计划投入更多的资金和精力发掘和培养年轻球员，让更多的年轻人进入一线队。他也没有看错，这一切都在我身上得到了验证。他经常来我家接我，但我走到他那辆黑色奔驰车旁时，车门却总是锁着的，真让我哭笑不得。当时我绝不会想到老弗兰克的儿子小弗兰克·兰帕德之后会成为我的亲密伙伴、队友……以及对手。

小弗兰克——接下来我就称他为“弗兰克”了，省得搞混——跟我截然不同，他读的是私立学校，成绩优异，住在埃塞克斯[①]一幢高大奢华的洋房

① Essex，位于伦敦东北部。

里。尽管家境迥异，但我们不以为意，很快就打得火热。我们对足球的热情相似——都非常争强好胜，极其渴望成为更好的球员。训练后我们两个总是最晚离开，哈里·雷德克纳普或是青年队教练托尼·卡尔就会冲着我们大喊："差不多得了！省点儿劲留着比赛吧！"我们就赶紧藏起来，找个他看不见的地方继续踢。说我和弗兰克都想超越对方也许并不准确，这种竞争关系很健康，也是我们友谊的一部分。他要是来几组冲刺，我就琢磨自己绝不能不去做几组——不能让他跑到我前头！如果他在场地加练半个小时的传球或射门，我也要去做点儿什么，我不想让他这方面的能力超过我。弗兰克是我见过的职业球员里最勤恳的几个人之一——经常加练，对射门精益求精，这也使他在职业生涯中收获了那么多进球。

我们是好朋友，但更重要的是，弗兰克促使我前进，是我最好的驱动力伙伴。我们都渴望进入一线队，互相激励向这个目标努力，后来，大家也知道，我们都成了英格兰代表队的成员。但是，我们都是从试训球员开始，经历了青年队和预备队的洗礼，才破格进入了西汉姆联的一线队。弗兰克在客场对巴恩斯利（Barnsley）的比赛中打入处子球的时候我俩一起跳了一段庆祝舞蹈，前一天晚上我们还讨论过："弗兰克，你要是进球了咱们就跳上一段。"结果我们跳的就像是笨拙的吉格舞步①。现在回头一看，真想不明白当时都在干什么。

生活当然也有另外的精彩。远征客场比赛时我们俩都是住一个房间，弗兰克太有意思了！他那时候经常半夜准时起床，然后我就听到一泡时间长得离谱的尿！真的能让我笑出声。我们还总是一起去夜总会和酒吧。我们俩行动太一致了，要是有人看见我们中有人落单肯定就要问："弗兰克呢？"或者"里奥呢？"我们两个在青年队是个很好的组合。弗兰克是球队的招牌，估计当时也是女孩子心目中的偶像，而我则是个开心果，我们俩搭档得不错。很久以后他

① 一种活泼欢快的乡村舞蹈。

变成了一个伦敦西区[1]的切尔西人，但那时候他还是喜欢住在埃塞克斯的。

他和他家人对我关怀备至。当时我们在罗姆福德（Romford）训练，离我家佩卡姆实在太远了，我就经常住他家，他家离罗姆福德很近。我第一次去的时候彻底震惊了，他们的生活太奢华了！他的家人热情好客，慷慨大方。弗兰克的母亲帕特（Patricia）是一位温柔娴淑的妇人，是兰帕德一家最闪亮的明珠，对弗兰克无比呵护。老弗兰克对待孩子有如狂风骤雨，而她则舐犊情深，充满了温暖的鼓励，有这样的母亲让人羡慕不已。弗兰克深爱着母亲，也极为敬重她。阿姨经常照顾我，让我感到舒心，每星期日她还给我们做可口的煎肉煎蛋早餐。我想诸位也都听说了，她突发疾病，已经过世[2]，实在令人痛惜。

弗兰克的父亲则非常强势，他经常督促弗兰克，在足球方面对孩子要求极为严格，我们比赛的时候都能听见他在边线外大声斥责弗兰克。如果哪场球没踢好，老弗兰克就会刺激他："你怎么回事？球都不想要！"但弗兰克有一点很了不起，他从不会走在父亲的阴影下。一开始我本以为他的职业生涯就是向父亲证明他也能踢球，作为老弗兰克的儿子可太不容易了。在他小时候，父亲的老队友鲍比·摩尔（Bobby Moore）就经常去他家喝两口茶。而且不光弗兰克老爸是俱乐部的传奇，主教练哈里·雷德克纳普还是他的姨夫，弗兰克注定要生活在足球世家的背景下。

幸运的是，哈里对我们二人评价颇高。每次需要几个青年队员参加一队训练，他一定会叫上我和弗兰克。有些老队员讥讽他沾了亲戚的光——后来也有很多球迷以为他是靠家庭背景获得了特殊优待。比方说俱乐部在会议中心组织"球迷论坛"，其中有与主教练、球员和俱乐部官员的问答互动环节。有一次，一个球迷将矛头对准弗兰克，说："他水平根本就不够！你们这是任人唯亲，

---

① 富人区。

② 2008 年因急性肺炎去世，终年 58 岁。

预备队里比他好的队员有的是。”后来我们知道这个人的侄子与弗兰克同在预备队，这时主教练哈里站了出来，坚定地说：“你给我记住，弗兰克·兰帕德这孩子以后会进入英格兰代表队的，你们放心好了！”

当然，他做到了。

弗兰克的职业生涯很精彩，成就超过了自己的父亲，我喜欢看他踢球。弗兰克能清晰地阅读比赛，准确地判断跑动和传球的时机、地点；他从不拖泥带水，常常一脚出球。用一个词来评价他的球风的话，那就是“高效”：他不喜欢多带球；信奉多传多跑的足球原则；在禁区边缘总能用出色的步法寻找到射门机会，给自己找到一点点空间，然后……咚！这正是他多年汗水的结晶。

人们喜欢拿他和史蒂文·杰拉德（Steven Gerrard）比较，讨论谁更胜一筹。在我看来史蒂文似乎天分高出一点儿，但对于时机的把握、插入禁区和打入关键球的能力则要比弗兰克差很远。在把握时机从中场插入禁区抢点这方面，也许只有巅峰期的保罗·斯科尔斯比较接近弗兰克的水平。我说过如果我是主教练，每次我都会用弗兰克的。不错，杰拉德是能凭借一己之力赢下一场球，在他的巅峰期也有过几场这样的比赛。足总杯就几乎是靠他单枪匹马夺下的，2005 年欧冠决赛对米兰的比赛也是。如果要我花钱看球，我估计会选杰拉德，他更具激情，在比赛中展现的能力也更为丰富，有时我看他训练和比赛中的动作，质量之高令人难以置信。他脚法精准，三四十码的长传准确命中目标，像斯科尔斯和贝克汉姆那样；他还能轻巧一晃，闪过防守，将球大力射入上角。杰拉德的比赛充满激情——让你无法稳稳当当地坐在椅子上。但是，我说过，如果我是主教练，我会毫不迟疑地选择弗兰克。在门前他永远是最冷静的球员，一个赛季能保证 20 个进球，价值无法估量。他一场比赛也许只有两次机会，就能打进一球，另一次射中球门范围，简直不可思议，他打破了切尔西的个人进球纪录……作为一名中场球员。这足以说明一切。

弗兰克极聪明，他的想法就是：半场比赛里插入对方禁区三四次，其中有一两次接到球，也许就能利用这机会破门得分。他从来不把比赛想得多么怪异复杂，只是单纯地依靠概率："我只要继续前插跑动，总会有机会的……然后就能进球。"他刻苦的训练也保证了在机会来临时足够高效和准确，他在切尔西有 5 次单赛季打进 20 球。作为中前卫！真是难以置信，其他人只能望其项背。有一年联赛收官阶段他对博尔顿梅开二度，凭借一己之力帮助切尔西拿到冠军。

但我们的友谊经历了不少波折，其中很多都是我造成的。我从西汉姆联转投利兹联的时候我们还算亲近，但相当于我走上了快车道，见面的机会就不太多了，后来 2001 年他加盟了切尔西，情况又发生了变化。切尔西日渐壮大，当时虽不足以染指冠军，却也不难预见到后来的成功。2002 年我加入曼联，跟他成为直接的对手。我到曼联的第一年获得了联赛冠军，之后何塞·穆里尼奥执掌切尔西，数次夺冠。我们二人变成了对手。

我和弗兰克同在英格兰代表队备战时从没直接聊过这方面的话题，但曼联和切尔西之间这层关系似乎让我们变得疏远了。当时如果他问起我的话估计我会轻描淡写地说我们为全英最好的两家俱乐部效力，保持着健康的竞争关系，我不会跟弗兰克透露任何有关曼联训练和计划的信息，以免被他们队知道。如果切尔西打得顺风顺水我也不跟他讲话，毕竟我心里在嫉妒，我敢说他也是这么想的——他跟我一样好胜，而且自己手里的牌从不给别人看。当我们都是自己球队打得好的时候，心里就有一点"胜利必须是我的，不能让别人夺去"的想法。我觉得这是我们俩心理上的共性。

还好他不是阿森纳的队员，不然就更糟糕了，要知道我们跟阿森纳之间的敌对情绪可要严重得多。不过近来我也碰到过帕特里克·维埃拉、蒂埃里·亨利和马丁·基翁（Martin Keown），我们把那些旧账都一笑了之。但愿我和弗兰克之间也会有这么一天。

可能是我的问题吧，我知道有些人能跟对手保持朋友关系，比如韦恩·鲁尼就跟乔·哈特（Joe Hart）是好朋友，但我总感觉很难跟那些在场上拼得你死我活的对手畅所欲言、打成一片，我不知道为什么，但事实就是如此，尤其是面对英格兰代表队的队友时我会更加坐立不安。如果切尔西刚刚夺得联赛冠军，或是杯赛中将我们淘汰出局之类的，我跟弗兰克或者约翰·特里、阿什利·科尔他们坐在一起时就会下意识地琢磨：他们是不是在嘲笑我？也许他们从未察觉到吧，我现在回忆起来才觉得是这样。这也许算是求胜欲的负面作用，但要一直保持追逐冠军的动力，人总是需要一点点狂热的，你不希望暴露出自己任何的弱点。当时我甚至都没意识到这种感觉，估计他们也没有嘲笑我。总之这也能部分说明欧冠决赛里击败他们对于我有多么重要。我不敢想象如果我们输掉了，之后的人生会怎样。我也不知道他们有没有这样想过，或是想到我会思忖这些东西。但现在回首过去，我很诧异：我怎么会这么想！我知道这种想法毫无益处，现在看起来这种想法有些诡异，或许弗兰克也有一些这样的感觉吧。总而言之，我很后悔没有维持好我们之间的友谊。

实际上我对于不允许自己与直接较量的对手交朋友是颇为悔恨的。而这让我对其他的球员感觉更熟络。当然也有一些例外。我跟阿什利·科尔一起度过几次假，不过他的性格很不一样：无忧无虑，自由自在的。与我同时代的足球运动员中，乔迪·莫里斯（Jody Morris）是我最好的伙伴，也有一些跟我很合得来的，比如迈克尔·卡里克。对于曼联的球员我当然一直会保持联系的。伊安·道维（Ian Dowie）比我年长一些，在西汉姆联时他是我的良师，我们至今仍时常联络。他人很好，从我小时候开始就照顾我，让我更茁壮地成长。他总能最及时地给我提出建议。

在曼联时我跟内曼亚·维迪奇走得很近。我们经常就足球和人生展开深入交流。跟队友在一起的感觉完全不一样，毕竟不是为了奖杯拼得你死我活的关系。

当然，在足球场外我也有很多挚友，比如加文、雷、我的兄弟伯纳德（Bernard）和我的经纪人杰米。但我跟他们没有竞争关系，自然不会存在问题。现在我知道转会曼联之后我和很多人断绝了往来，或者是没有多少联系。我并不知道弗兰克的感受，我们没有讨论过这个话题，而且我也只是在离开曼联之后才意识到这一点的。也许他的感受完全不同吧。他出的书里关于我的内容尽是溢美之辞，说当我北上后[①]我们“失去了一些原有的亲近感”，但我们在英格兰队聚首时一切都很自然。现在我们不再是对手了，但愿以后会好起来。我们都早已过了而立之年，巴西世界杯期间我在英格兰队下榻的酒店里碰到他时就已经感觉到了一点改变。那也是我们被各自俱乐部解约后第一次碰面，彼此的防备都已卸下。我相信，等到都返回伦敦居住后，我们的友谊定会翻开新的一页。

① 指转会利兹联。

第二十三章 570万，还在增长

* * *

双刃剑

2010年世界杯开赛之前，我没有任何伤病，状态正佳，准备好了作为英格兰队队长参加全世界最大的盛会，简直就像生活在梦境之中。那是我们到达勒斯滕堡（Rustenburg）后的第一次训练，一切似乎都很顺畅，但我和埃米尔·赫斯基（Emile Heskey）的一次拼抢在不经意中发生了。动作并不大，埃米尔也没有恶意，但倒地时他的身体恰好压住了我的左膝关节。我当时就惨叫一声，队医加里·列文（Gary Lewin）立刻跑了过来，我告诉他我的膝关节出问题了。

前往医院的救护车上，我忍受着剧烈的疼痛，脑海中不停琢磨：我的这次世界杯之旅也许还没有开始就要结束了。我问医生伤情是否严重，他回答："现在不好说，如果是韧带损伤的话就有问题了。"我痛哭了起来。旁边的急救员用一种奇怪的眼神看着我，我拄着拐下车时，他居然问："可以把球衣送给我吗？"我瞪了他一眼，真是不知道人得傻到什么程度才能在这种状况下问我这个问题。

我如坐针毡地等待检查结果，试图止住眼泪。突然，双扇门被打开，进来了一个刚在车祸中遭受严重创伤的人，到处都是血。这时我突然接受了自己的处境，我就坐在那里，转念一想："有什么呢？我应该微笑才对，跟这哥们儿比起来我这伤算得了什么。"我得以清醒地面对一切，接受了受伤的事实。这是一场意外，我能有什么办法呢？不久检测结果出来了，我的韧带拉伤，需要一两个月才能痊愈。我想："那就这样吧，我得朝前看。"事实也是如此，我的世界杯之旅结束了，但另一个世界为我打开了一扇窗。

离队以后，我租下了马拉喀什①的一幢宅子，带上家人、经纪人杰米以及乔迪·莫里斯等几位好友过去。那时互联网上兴起了一个叫作推特的玩意儿，源起美国，当时仅有 8 个月历史，已经有一些名人和体育明星参与进去。我琢磨着，好吧，要不我也来尝尝鲜……一试不要紧，真是让我大开眼界！我立刻就迷上了它。一开始我以为推特最多也就是让我有点参与世界杯的感觉，但我回家后才发现它本身有着多么重要的意义。通过推特我能够与球迷直接交流，之前很多年我跟媒体的关系可谓水火不容，那些三流小报总把我描述成一个连我都不认识的形象，说我只知道花天酒地，生活中只对红地毯、电影首映式、奇珍异宝感兴趣。我很奇怪他们明明连我是什么样的人都不知道，就敢这样信口开河。

在推特上，我可以原原本本地展现自己的性情和生活。我把我生活中鸡毛蒜皮的小事都发上去，甚至连"训练路上顺便送孩子上学"都有人回复：真的假的？你没雇个专职司机负责接送吗？不好意思，没有。

"坐火车去伦敦。"你没有私人飞机吗？也不坐直升机？不好意思，没有。

我在火车上发个消息，就有人回复："你的保镖在哪？"我要保镖干什么？人们对足球运动员的生活总有些令人匪夷所思的想法。我也一样是早上起床，然后去上班，没什么不同。孩子们的晚饭是我跟老婆一起搞定，衣服也从

---

① Marrakech，摩洛哥地名。

来都是自己熨烫。

推特还间接地改变了一些曼联球迷的态度。由于几年前我没有一口答应与俱乐部续约，我跟部分球迷的关系降至冰点。实际上合同谈判花些时间是很正常的：罗伊·基恩花了一年，小贝（Becks）甚至超过了一年。我们才谈了几个月，球迷就突然开始催我立刻签字画押，他们强调我被禁赛的时候俱乐部坚定地站在我这一边。这没有错，但我也没有离开曼联的想法，再说任何合同都需要认真地探讨细节，有什么值得大惊小怪的？

可偏偏在这节骨眼上，有人拍到我和当时的经纪人——皮尼·扎哈维——与切尔西的总裁彼得·肯扬（Peter Kenyon）坐在一张桌子前。与肯扬完全是偶遇，我只是去餐厅找皮尼谈个十分钟的事情。可不知道谁拍了张照片登到报纸上，看着就像我在考虑转会切尔西似的，完全是无中生有。某些球迷的反应也实在太荒谬了，一天晚上甚至有一堆穿连帽衫戴棒球帽的人聚在我家门口，要求我解释为什么迟迟不续约。踢完一场做客对查尔顿的比赛之后，我走下球场时球迷向我投来嘘声，大喊："快点儿续约！哄！滚吧！续约之前我们不会跟你说话的。"当时我父亲就在看台上，险些为这事跟几个球迷打起来。

我感觉那些球迷甚至不去了解当时的情况，其中有一部分在之后的数年中依然记恨我。他们说我应该感激曼联，但你在分析时要排除掉情感，毕竟现在的足球已经成了一种交易。不错，为曼联踢球是球员的梦想，但同时，在商业上曼联是全世界最大的足球俱乐部，球员也同样要从商业角度考虑。球迷总在谈忠诚、谈情感，可这也得是双向的，如果俱乐部对球员讲忠诚讲情感，那么球员也会同样地回报给俱乐部。我 24 岁的时候曼联的确给了我很多帮助，但其中有多少是出于情感，又有多少是因为将我视作一笔宝贵的财富？我到了 35 岁被扫地出门的时候情感又在哪里？我觉得曼联球迷现在应该不会质疑我对俱乐部的忠诚了，我始终将自己的全部奉献给俱乐部。我本来想在曼联待到无法起身行走的，但现代足球不会允许这样。

推特太有魅力了，而且它让我能够直接与球迷联系，避免误导性的报道混淆视听。写这本书时我的推特账号有 570 万粉丝，曼联当时对这种新媒体颇有些怀疑，而粉丝们也理解接受了这一切。我觉得我是这个领域的先锋。主教练原来还担心推特会影响我对足球的专注——我很清楚那是不可能的，以后也不会……我想我已经证明了这一点。我只在业余时间处理这些社交媒体，比如赛前在酒店，或者是旅途中。事实上它对我的作用是正面的——给我带来了许多快乐，也对我的足球生涯大有裨益。

假如我小时候就有社交媒体，那我的梦想一定是登录上去看看约翰·巴恩斯都在干什么，问问他是怎样训练的、怎样才能拥有那么出色的带球技术。推特让球迷更近距离地与球员接触，我知道有些球员将推特或者其他社交媒体账号交给经纪人或助理管理，但这瞒不过球迷的慧眼。我的每一条推特消息都是自己写的，我希望我发布的内容尽可能真实地叙述我身边发生的事，我觉得正是这种做法使得最近四年我与球迷的关系融洽了起来，现在人们对我的评价更多的是依据社交媒体，而不是传统出版物。

最神奇的一点是这种对话规模庞大且永无止境，最大的乐趣不是我向全世界发出声音，而是与粉丝的互动。我不是单纯地发布信息，我办过许多问答竞赛之类的活动，让粉丝赢取 Xbox 游戏机①或是更大的奖励，比如一辆汽车或是亚瑟小子演唱会的包厢票。我喜欢这种互动。每次我的粉丝达到一个里程碑数字，比如一百万或者两百万，我都会搞个庆祝活动回馈粉丝一些奖励。要记住，曼联的影响力遍及全球，而社交媒体也是个全世界的平台，我有机会在上面与非洲人、印尼人，以及来自世界任何一个角落的人交谈。

除此之外，很多人插科打诨那种感觉就像比赛时在看台上大声吵嚷的球迷交流一样，但也有一些让人无法忍受的，如果心理不够强大的话，那还是不要上推特为好。自己表现不错、球队顺风顺水时，看看推特会让你无比舒爽，你大可以开别人的玩笑，气氛一片轻松祥和。可是，一旦自己发挥失常或者球队

---

① 微软 Xbox 家用游戏机。

近况不佳，或者刚在比赛中出现失误的话……看几眼推特就会让你如坐针毡。推特的世界变幻无常，有无数人对你恶语相向，会对自信心造成沉重打击。在这里我可以坦白，输球以后我都会有几天不上推特的！

话说回来，球迷有表达自己想法的权利，他们关心自己的球队，掏出自己的血汗钱来看球，说出自己的心声，这是现代足球不可或缺的一部分。享受胜利时他们站在你的背后，令人鼓舞，而在出现问题时他们又能让你觉得雪上加霜，这都很正常。足球比赛中充满了感性，人们需要将这些感性释放出来。

我非常理解球迷的感受，我自己也喜欢坐在电视机前观看橄榄球或拳击比赛，有时也包括足球。我敢打包票，在看台上分析比赛要轻松得多，你会想："他怎么没到位呢……这传球居然没看见？"我有时也会这样，这同样是一种乐趣。但是，相信我说的，在球场上要做到可就困难太多了。

社交媒体就像是一把双刃剑，你得有能力面对言语攻击并且承受这一切，一旦做出回击或是有什么反应就会遭到惩罚。实际上我觉得应该允许球员出面反驳，做出一些回应，只要并非针对性的言辞或是污言秽语之类即可。道理应该跟更衣室里是相同的：既然敢说话就不能认怂。要是哪个家伙喋喋不休攻击了你好多年，那可真希望能有机会让他把嘴闭上一会儿。

但是足总定了规矩：他们想让球员成为道德模范，而人们的心理活动又很复杂。如果跟某个整日以诋毁你为乐事的键盘斗士在酒吧或是街边偶遇，他准保是第一个上来要签名或合影的。我认为他们的挑衅只是为了引起关注，跟皮尔斯·摩根（Piers Morgan）这样的名人打打嘴仗开开玩笑其实更稳妥，他是阿森纳球迷，但主队近些年表现不佳，我们就总拿他开涮。他这人也有点见风使舵，顺风顺水时大吹大擂，状况不佳就喊温格下课。逗乐子而已，无伤大雅。

社交媒体暴露出一个问题：有些人不把我们当人看。他们把足球运动员当成机器——他们声称有理由这样做，因为我们挣的钱很多。足球其实一直是一项工人阶级的游戏，只是由于现在球员的报酬比二三十年前高出了许多，很多人就把我们剔到了工人阶级之外，这也让很多人自认为有权利攻击我们。有些人的想法明显就是："你已经一步登天了，凭什么我还在挣扎，我当然可以拿你来发泄怨气。"我敢说，这种攻击他人的货色假如换到我们所处的位置上，他们立刻就会崩溃。他们的心理还不够强大，也没有承受他人对自己亲人朋友极尽诋毁之能事的胸怀。他们受不了的，自然也就不会像我们一样保持沉默，笑看人生。

我不能忍受的是那些满怀恶意的、头脑癫狂的人，他们只有中伤和诅咒他人的念头。记得我曾看到过有人评论"祝你和孩子们上学路上被车撞死"，还有"祝你患上癌症"。有一次我去马来西亚还是印度尼西亚时，有人发来消息："祝飞机坠毁。"去你的，你疯了吧！这种话真的只有彻头彻尾的傻子或是脑子有问题的人才写得出来。但有时就是这样，总有这么一小撮连朋友都交不到的人，在社交网络上发泄着自己对世界的怨恨。

第二十四章　韦恩·鲁尼

* * *

不可缺少的魔性

韦恩·鲁尼第一次在英格兰队训练就让我瞠目结舌，那真是一眼就能看出来的不同凡响。他身体已经成熟，但还有点稚气未脱，对周围的一切都很新奇。记得在他处子战对土耳其赛后，我走进更衣室，看见他和父母在一起。我问："那你什么时候转会曼联啊？" 他们都大笑了起来。其实那是个严肃的问题，我也很高兴他真的加盟了。

跟我们在一起的最初几年，他就像是个压紧的弹簧，活力四射，好像还对生活充满怨念。他非常叛逆，好恶作剧，很有趣，他给我的印象是一个易怒的年轻人，在训练场外经常与人争执，尤其是在手机里。他似乎会为鸡毛蒜皮的小事而大发雷霆，也不拿手机当个东西，一生气还会摔手机，直接扔在水泥地上。其他队员觉得好笑，经常说："他得冷静一下啊！" 我记得有一次他在机场把手机狠狠地摔在地上，卡洛斯·奎罗斯恰好从旁边走过，露出难以置信的神情，他可能一辈子都没见过这种事吧。但另一方面，韦恩的怒气在球场上也发挥了正面的作用，我认为这种性格造就了他的成功。

后来他变了。年轻时他脾气暴躁，在球场上睚眦必报，但之后不知道是什么原因，他越来越冷静，就像突然开了窍一样，一下子长大了，也许是岁月所致，也许与为人父有关吧。但说实话，我觉得有点矫枉过正，他甚至会说“你看我这个赛季还没吃过牌呢”这种话，我会想：“不错，但你踢得也不如之前那么好了——你的身上少了某种东西。”鲁尼变得更加在乎自己的形象了，他的锋芒没有了，球风与以往不同，总纠结于不要吃牌，再不像以往那样勇往直前、发挥出自己的本色了。我认为他应该在比赛中找回一点点自己的那种魔性，我告诉他：“你如果能踢出我所知道的那个鲁尼的样子，我宁愿你被罚个一两次。”别人应该也这么对他说过，也许由他的经纪人或者类似身份的什么人对他说类似的话更能触动他吧，但就足球方面而言我觉得他在比赛中需要当年的那种锐气，当然只限于球场上，并不是在生活中。我觉得他已经有 18 个月或者两年没有展现出他的锋芒了，怒气消失了，而他的表现也不再像以前那么高效了。

但他成长为了一名优秀射手，在传统 9 号前锋的位置上凭一己之力斩获许多进球，这个位置应该是最适合他的。就是在那个赛季，我觉得他终于长大了，他真正地发奋，在射门等环节苦下功夫。他之前当然也在练，但最近两三年他训练的强度更高也更认真，非常讲究方法，可谓精益求精。他经常加练，加练的方式千差万别。近来，鲁尼不停地挑战自我，一切都以比赛的节奏进行，从不放慢速度。他不再停好球抬头观察，而是接球后毫不犹豫，咚！咚！上次我在训练场上看到他和胡安·马塔脚感奇佳，从各个角度匪夷所思地破门，弹无虚发。

2012 年，鲁尼成为最佳射手，接下来的赛季他说：“我要踢 10 号的位置，我喜欢这个位置，它更适合我。”我告诉他：“去年是你职业生涯迄今为止最棒的一年，无论是客观数据还是球迷评价，媒体也很喜欢你这样，你怎么会想改踢 10 号位置？”他刚刚把自己的水平提升到了“二人之下万人之上”的层次，仅次于梅西和克里斯蒂亚诺·罗纳尔多，我觉得他还能继续进步，也许有朝一日会和他们两人平起平坐。我个人认为和他同一个级别的还有伊涅斯塔和哈维，也许还有一些球员，比如伊布拉希莫维奇（Ibrahimovic）、苏亚雷斯、贝尔（Bale）、本泽马（Benzema）、皮尔洛、罗宾 · 范佩西等。

顺便说一句，所有关于韦恩和罗宾不和的传言都是无稽之谈，统计数据有时并不能反映真实情况。有些人观察到某场比赛里一个人给另一个的传球并不多就臆想他们之间出了问题，我可没有这种感觉，我只看到两个出色的球员在积极配合。

但有一点我觉得奇怪，就是那个赛季韦恩 · 鲁尼坚定地要求踢10号位置，我无论如何都不能理解，我觉得最适合他的位置还是9号位：他灵活游走在后卫腿边的时候是最美妙的。他将对方的防守玩弄于股掌之间，瞄准后卫的裆下射门，像索尔斯克亚（Solskjaer）① 那样。精妙地小转身，禁区里准确选位，他既能凭借敏锐的嗅觉捕捉良机，又能打进天外飞仙般的进球，那些寻找空当的小碎步移动充满了大智慧。

他的很多动作其他人甚至想都不敢想，面对门将轻巧的挑射，超远距离的凌空抽射，比如对西汉姆联和对纽卡斯尔的破门。他对曼城的那记倒钩破门当选为英超史上最佳进球，当时我就在看台上，那个场面我一辈子都忘不了，我情不自禁地站起来，双手抱头，嘀咕着：“这是怎么回事？”当然，不要以为他只会射门，一击致命的传球也不在话下，他的助攻能力在英超联赛同样名列前茅，我只是认为他顶在锋线更有威胁。希望在路易斯 · 范加尔的治下我们能够再次看到那个让对手胆寒的韦恩 · 鲁尼。

---

① 奥莱 · 索尔斯克亚（Ole Gunnar Solskjaer），前足球运动员，曾经效力于英格兰超级联赛俱乐部曼联，现任卡迪夫城教练。

第二十五章 母亲们和父亲们

* * *

关于爱

在父母分手后的数年里，我就像个捣蛋鬼一样。他们产生了隔阂，但从没有给我一句解释，因此我对母亲很不满，我认为这一切都是她造成的。有一天我在盥洗室刷牙洗脸时父亲走了进来，说："我要离开一段时间。"我说"好的"，没再多想。转眼就过了几个月，我问母亲："他还回不回来了？"她说不回了，之后我就总给她找麻烦。我不听她的话，故意捣捣乱，之后她就……记得是父母离婚两三年后的一个午夜，我在家里听见了男人的声音。我们家住的公寓不大，我听得很真切。我走出卧室，看见一个男人坐在起居室的沙发上，母亲则坐在另一边的沙发上。我问："这是谁？"她说："赶紧睡觉，明早再跟你说。"我回复："不，让这家伙离开我们家。"

打那天起我就故意捣乱，我立刻把这件事告诉了父亲，他暴跳如雷。父母之间也发生过数次争吵，毕竟作为父亲很难接受自己的孩子与另一个男人一起待在家里。现在我有了自己的孩子，很理解他当时的心境。那时我不让这个不速之客——彼得——有任何可乘之机，我警告他："遥控器是我的，拿过来，电视也是我的，你不属于这个家。”这样的话让母亲很尴尬，她单身数年后终于遇到了一个心仪的人，而我却迫使她在建立新的感情上付出更多的辛劳。有一天在我阿姨家她终于控制不住了，告诉我：“听着，这件事我得让你弄清楚！”接下来她跟我谈了很久，关于交往，关于为什么我们相处不顺。说实话……对话的内容非常好，但让我感觉不舒服，我意识到了之前自己的所作所为有多么愚蠢。自那天以后，虽然我打心眼里不喜欢那个人，但我决定尊重母亲的决定，她也需要自己的生活。那段谈话成为了一个转折点。

几年后我母亲与彼得结婚了，我在发言时说：“记住，只要你照顾我母亲，让她高兴，那我就高兴。”他的确做到了，给了我母亲无微不至的关怀，毫无疑问他是她最好的人生伴侣，我们现在也和他非常融洽。他融入了我们一家：喜欢上了足球，成为曼联球迷，对我的孩子都很好，是一个和蔼可亲的爷爷。我的父亲也有了新的伴侣——丽莎——必须承认我接纳她融入这个家庭的速度要快得多，一开始我对她持保留态度，“她又不是我妈妈，在这里干什么？”但我接纳她比接纳彼得要迅速。现在我们的家庭规模大了不少——我和安东兄弟二人，加上母亲与彼得的孩子希安和杰雷米亚，还有丽莎和父亲的孩子克罗艾以及一对双胞胎安雅、雷米。我必须说一句，丽莎同样是个非常好的人。

总而言之，这段经历让我的视野更开阔了。我理解了自己过去为什么会有那么多问题，也更加清楚父母间关系的变化会对孩子产生多么大的影响。以前父母正常相处时我总说自己是班级里的幸运儿，而他们分手后我才意识到：原来我的父母也和其他人家的一样啊。

本来我父亲可以彻底离开，搬到其他城市居住，他甚至还考虑过返回加勒比海地区，好在他最终还是有意地选择了留在我们附近。他搬到了隔壁的房子，尽管不再生活在我们家，但依然是我生活的一部分，所以我的情感并没有受到很大的伤害，如果他搬走了也许我会产生更强烈的反应。父亲每天外出，用上天赐予的每一分钟打拼，足迹遍及整个伦敦，但一直都还在我身边。有些失去父母关怀的小孩开始沾染毒品、酗酒等恶习，等哪一天幡然醒悟了就会怪罪到当年离开自己的父亲或母亲身上。从这一点上来说我是幸运的，他不让我有变坏的借口。

我原本不相信婚姻，因为我的父母并没有登记结婚，我以为这种状态是理所应当的。但在我有了自己的孩子之后这种想法改变了，正式的婚姻对每个与之相关的人都是有好处的，所以我选择了结婚，当然我爱丽贝卡，毫无疑问。我并没有接受过心理咨询或是治疗之类的，这完全是我自己做出的判断，现在我已为人父，有深爱的家人，为了家庭和睦付出自己的全部。母亲照顾别人家的孩子，也要照顾我们，千方百计地让我们都能按时按点行动，不管是上学，还是去青少年俱乐部。我阿姨在离我们住的地方不远的纽克罗斯开办了一个青少年俱乐部，母亲要盯着我按时参加。她洗衣做饭，还要确保我们不会误点，是个任劳任怨、尽职尽责的好母亲。

我的家人都没有正式登记结婚，所以原本我也没有把婚姻安排在自己的日程上。但我有了孩子，又有什么山盟海誓能比得上婚姻呢？我并没有多想，一切都是水到渠成，我结婚了。我觉得当一个人爱着自己的孩子和自己的女友（当时丽贝卡与我还未结婚）时，一切都是无缝流畅的转变。

我总觉得我还是在把自己装成一个大人，就像老话讲的，永远长不大。我的心态还是处于自己没有完全长大的阶段，这似乎也让我更年轻。没有哪本书教你如何当好父母，没有人告诉你作为父亲应该如何照顾每一个小孩，这些都是循序渐进学会的。我看着自己的三个孩子，坐在那里琢磨："真神奇，我是怎么做到的？"感觉好像几年前我还在上学似的，快乐的时光总是短暂的。我愿意当一段登天的梯级，让自己的孩子踩着自己攀升。无论工作中发生什么，无论球场上出现什么，只要一回到家，看到孩子们等待父亲归来的眼神，就一切释然了，我喜欢这种无与伦比的感觉。有人需要你照顾的责任感让人感到充实，但这一切都是靠丽贝卡才能运转起来。她是个伟大的母亲，无微不至地负责孩子们的饮食起居，将一切梳理得干净利索、井井有条。

我看着小孩子们，听着他们身上发生的故事，心想：本来我也可以像别的父亲一样每几个月带他们出去快快乐乐地玩一次的，像别的父亲一样，但现在我的人生进入了另一个阶段，和过去不同了。当我有了孩子之后，我变得更加投入和专心。我不会天真地认为一切都很完美，在未来我可能还会犯错误，做出不正确的决定。但我会不断尝试，不断学习。

丽贝卡有一个巨大的优点，她不谈论足球，对足球没有什么兴趣。当然我赢球的时候她很开心，但她不在乎比赛的细节，这很合我意，这样我一回家就可以彻底放松下来，感觉很棒。她对名声之类的东西、英格兰太太团的生活方式毫无兴趣，她不想上报纸或者拍写真，这也很好，避免了孩子们面对更大的压力。我们相识时她 18 岁，我将近 21 岁，在一起这么长时间，经历了很多风风雨雨，但我们相处得很好，共同成长。她长大了，我也成熟了起来，现在已为人父母。我们有时会注视着对方，心想：我们一路走来，做得还不错嘛！本以为我们还只是在做一场游戏……但其实不是。

第二十六章　C罗和梅西

* * *

目中无人?

胡说八道!

世界上最伟大的球员是谁? 除了某些标新立异的人有自己的见解以外，最近几年来真正值得讨论的只有两个名字。其中一个是我的朋友，另一个则是我职业生涯中最惨痛的两场比赛中的天才对手，他的出众能力令我终生难忘。

在评价克里斯蒂亚诺・罗纳尔多（C 罗）和莱昂内尔・梅西之前，首先提到的一点就是，他们都是非凡的职业球员。凭借多年的辛勤付出才有了今日的成就。有些孩子羡慕他们成功后光鲜的一切——金钱、豪车、美女等等。如果想的是这些，那你绝无可能成为闪耀的明星。C 罗和梅西正是推动自己进步的最佳榜样：他们那种对比赛的热情、对提高能力的渴望，以及努力拼搏来实现一切的意志和决心。他们两人的意志都极其强大，但表现的方式各有千秋。

罗纳尔多是勤奋成才的最佳范例。我要说明一下，他生来就有极强的天分，但成为顶尖的球星则是凭借后天的不懈努力。他是我所见过的球员中最勤奋的一个。还记得他刚到曼彻斯特不久，训练结束后他会拿起一袋球，有点羞涩地走到另一块场地，腼腆得似乎不愿让人看见他要加练。他在脚踝处绑上小沙袋，训练一些任意球、脚法以及一些其他的足球技术。效果很快就显现出来了，他的力量越来越棒，体型健壮了起来。他是个工作狂，而且不限于足球场上。他的房子离我家只有几步路，我有时会过去看看。他有专门的厨师烹饪最合适的饭菜，这算是在自己身上的一种好投资。房子还有一个游泳池，以便做专项牵拉训练。他生活中的一切都是要将自己打造成世界上最好的足球运动员，他当年的这个梦想如今已经成为现实。

罗纳尔多也在不断地成长。他刚刚来到曼联时鲁德·范尼斯特鲁伊（Ruud van Nistelrooy）是球队的当家球星，进球如麻，深受球迷喜爱。而这个纤细灵巧、顶着鸟窝发型的葡萄牙男孩来了，用魔幻的脚法和舞步吸引了大家的目光。一次训练课上罗纳尔多耍弄起了防守自己的左后卫，过了一遍，蹚回来再过一遍。鲁德生气了，大喊：“你赶紧传中！不知道你什么时候起脚我怎么包抄？”罗纳尔多的反应是：“我要过人，你这抽的什么风？”鲁德说了一句“我没法跟这个人配合”之后就走出了场地。这样的风波有过几次，之后罗纳尔多才醒悟：效率高的球员总会获得比花花架子更多的尊重。要理解比赛不光是表现脚法，还需要经过一些思考。我经常跟他讲，多注意最终的效果。我的确喜欢他的花活，但如果之后能形成传中或者射门的话就更棒了。他成长起来，并且不仅仅是有效而已，他一步步成为对方的致命威胁。在比赛的每一个环节精益求精，将所有出众的能力汇集一身。如果运用得当，他将摧毁每一个对手。而且他从未停止进步，随时思考如何让自己更加丰富。他喜欢分析：“我还需要什么才能成为最好的球员？”他给自己的答案是：助攻、进球、主宰比赛……以及在大场面下发挥好。所以他屡破纪录，当选 2014 年世界足球先生。

有些人说他目中无人。胡说八道！多看看那些无端的指责你就会明白是怎么回事。不错，讨论哪一个球员更好没有问题，但有些人选择梅西只是因为罗纳尔多长得帅。他们的老婆、女友会幻想跟罗纳尔多约会的场面，但不会去想梅西，所以梅西构不成威胁。罗纳尔多已经有了顶级的跑车、无尽的财富，还长那么帅，身材那么棒，凭什么？为什么所有的优点都集中在你身上？肯定不能让你当足球先生，我选谁也不选你！有时这种嫉妒正是一切的根源。

实际上每个诋毁罗纳尔多的人都在帮助他进步，他需要听到人们说梅西比他更好，这会推动他不断进步。你看他庆祝进球时的挑衅姿态："现在你看见了吧！"有些人错以为他这是目中无人。实际上这种庆祝姿态更多的意思是"现在你看见了吧！相信我的表现就对了"，而不是"我比所有人都更出色"。他这个人也不是这样的性格。

很多人不理解2014年欧冠决赛皇家马德里对马德里竞技的比赛中他打入点球帮助皇马将比分扩大为4∶1之后脱衣庆祝的动作。有人指责："他不应该脱衣服的，这是想把注意力吸引到自己一个人身上。"不，不是这样的！你们不懂，他的庆祝纯粹是情感的表达。他想的只是："如果决赛就这么结束而我没有进球，这将是我的耻辱。"他迫切想在比赛中留下自己的印记。我在他的庆祝中看到的就是："我进球了！现在我可以名正言顺地庆祝了！"他的反应正体现了他的伟大，而不是任性。在我的印象里，他绝不是个以自我为中心的人，从不会目中无人。在曼联时他喜欢参与大家的玩笑。不管更衣室里有什么好玩的事，肯定都有他一个。奎因顿·福琼（Quinton Fortune）当时总调侃他的发型和服装。他就会回击："你们英国人太老土了。"

就梅西和罗纳尔多而言，梅西的天分更胜一筹。他是个魔术师般的天才，在这一点上克里斯蒂亚诺要自叹弗如了。你看他们进球的方式就知道不同：一个靠准确性，一个靠力量。梅西的进球像艺术品一样，通过缜密的计算，精准熟练地将球兜进球门。他的射门总是让球奔向死角。而罗纳尔多的射门有时连自己都不知道球会飞到哪，最多也就是大概在球门内的什么地方。他是依靠把球一脚轰进球门的感觉。两个人都值得欣赏，各有不同。

如果需要打造一个完美球员的典范，那就是罗纳尔多。他身体力量出众，速度惊人，双脚均衡。而梅西则是以左脚为主，虽然欧冠决赛中曾头球攻破我们的球门，但这种场面极其罕见。罗纳尔多却能以各种方式进球：远射、抢点、任意球、点球，还有像邓肯·弗格森或鲍勃·拉奇福德（Bob Latchford）一样力拔千钧的头球破门。客场对罗马比赛的那记飞身头球太可怕了，他从罚球区边缘起跳，在点球点上方顶到皮球，那个场面令人屏气凝神。而且他抢点极为勇敢，顶进那个球之后也受了点儿伤。对波尔图进的球则更加不可思议，我当时看见他要从 40 米外起脚的时候脑子里还闪过念头：“可别打，这么远进不了的。”结果那球直接钻进了球门上角！

看看梅西，你会感觉到他从一开始就注定要成为顶级球星。他也付出了超人的努力，但实际上他还没进入一线队的时候就已经名扬四海了。记得罗纳尔迪尼奥——当时的世界头号球星——在一次采访里提起，梅西这个孩子以后会成为世界第一。这真是前所未有，就像是世界上最好的球员把接力棒传了下去。而在梅西的处子秀中，罗纳尔迪尼奥每次拿球都想给这小孩子创造进球的机会。

但梅西的成长也不是一路坦途。他身材矮小，小时候屡受伤病困扰。但他的技术太好了，有无穷无尽的过人方法，抖一下肩膀就能让防守队员失去平衡。他的加速也无人能及。他将比赛提升到更高的层面，交出惊人的统计数据，主宰比赛，打进匪夷所思的进球。人们说 2014 年他表现不佳，可他打进了 40 个球，将阿根廷队带进了世界杯决赛！他没有那么张扬，不像罗纳尔多站在舞台的中央，集万千瞩目于一身，在球场上尽情释放自己的情感。

他们两个在巴西世界杯前都被寄予厚望，但也同样铩羽而归。梅西虽然闯进了决赛，却没有让人眼前一亮的表现。他获得的世界杯最佳球员显然名不副实，可能是赞助商做了什么工作吧。看他决赛后不得不上台领奖时的表情都有些尴尬。不过他的世界杯之旅至少比罗纳尔多要精彩，罗纳尔多肯定也有着自己的目标，却早早出局。世界杯后我跟他见过面，并没有直接谈及世界杯的话题，但能感觉到他非常沮丧。

那到底谁是最棒的？还是很难说。如果我是主教练，选择一个为曼联踢球的话我会选罗纳尔多，他适应英超，进球方式也多种多样。他可以用邓肯·弗格森的方式进球，用约翰·巴恩斯的方式进球，用加扎的方式进球，无所不能。

但这种观点是有倾向性的，因为我跟罗纳尔多一起踢过好几年。与梅西同在巴塞罗那效力过的蒂埃里·亨利则有不同的观点。世界杯期间我的《5号》杂志采访亨利时我问过他谁更好。他说自己很欣赏罗纳尔多，但之后话锋一转，讲起为什么自己认为梅西是最棒的……一次训练赛中有过这样的插曲，梅西被侵犯，但教练没有吹任意球，示意比赛继续。梅西勃然大怒，等本方守门员拿球的时候他跑回去主动要球。守门员以地滚球的方式把球交给他，梅西拿球把对方全队过掉，怒射破门。亨利说他上学的时候经常在操场上这么干，我也在跟小孩子踢球的时候有过，但梅西面对的可都是世界上的顶尖球员：亚亚·图雷、普约尔、伊涅斯塔、哈维、布斯克茨。并且还不止一次，据说他做到过好几次。亨利问我："罗纳尔多能做到吗？"我回答："我是从来没见过。"亨利跟齐达内和罗纳尔迪尼奥都一起踢过球，他说他们也没有过这样的惊人之举。他说："那时我意识到了，梅西跟我们见过的所有球员都是不一样的。"我当场被惊呆了，连惊叹的声音都没发出来。

第二十七章　我的基金会

* * *

一种综合视角

假如没有踢球，估计我会成为一名社区青年工作者。我的父亲母亲都非常乐于付出，经常帮助附近住宅区的人们，住宅区以社区为基础，有很多青年工作者。当时我想如果我当不了足球运动员的话就干这一行。我打算在市政部门工作，照顾所有小孩子，现在我有很多朋友从事这一行，要是当年我不踢足球，很有可能会主动投身这项工作。

小时候，我们经常坐在楼梯上，每个人都说："你们听着，我以后要是有出息了，肯定不会拍拍屁股一走了之，我要回来帮助这里。"这话我们都说过，让我触动很深。我的朋友们之后都以各种各样的方式为社区尽自己的力量，尽管很多人不再居住在佩卡姆，有了各自不同的工作，但他们都与养育自己的社区保持着紧密的联系。

我在西汉姆联青年队时，社区里有无穷无尽的工作要做，我参与了王子信托（Prince's Trust），访问项目，分发奖励和物品，鼓励孩子们考取资格证书，让他们生活得更美好。我很信赖这种信托，它让愿意付出努力的孩子有机会开始全新的生活。几年前我跟一个老朋友谈起此事，他说："你为什么不自己筹募一个基金会，肯定能筹集很多钱，改变一些人的生活。"他说得对，这也是我一直努力在做的。近几年基金会发展得不错，现在名为里奥·费迪南德基金会，我们的工程已经惠及数千名儿童。

我们的宗旨与王子信托类似：让孩子们有自尊、有信心、有资质开启新的生活。其中一个方面是让他们了解有很多不同的方式可以在自己喜爱的领域里谋生，比如很多孩子喜欢体育、音乐和娱乐，不可能每个人都成为下一个里奥·费迪南德、韦恩·鲁尼，或者奥利·莫尔斯、单向组合①，但在这些产业内部和周边有很多其他工作可以从事。我们让孩子们看到各种可能，鼓励他们探索并实现自己的才能，充分了解自己的能力所在。我们基金会的运作方式是让孩子们考取资格证书，让他们能够开始攀登入门的梯子，有望在相关领域找到工作。我制作了一部电影，名为《死亡竞赛》(*Dead Man Running*)，基金会里有一些孩子在里面担任跑者，现在其中大概有6个在电影产业找到了自己的一席之地。

在我看来，参与这种工作可以获得一种综合视角。作为足球运动员，我们会为一些琐碎小事抱怨："喂！沐浴露在哪里！……意大利面煮过头了！"和所有人一样，我们大部分时间只沉浸在自己的小圈子里。只有每次参加基金会的活动，听那些孩子讲述自己的故事时，我才对某些事情有了真正的理解。记得一个来自胡尔的男孩子曾经一无所有，他就像掉进一个深坑里，看不见任何出路，他被亲人逐出门外，无家可归，酗酒吸毒，一度试图自杀。热爱足球是他生命中为数不多的正面因素之一，他加入了一个社区活动，教授指导小孩子踢球，之后他真的脱胎换骨了。他考取了资格证书，现在在社区当足球教练，自己成为一个指导员，帮助小孩子考取证书，走上自己攀登过的人生阶梯。现在他工作得很好，即将去南非开办一个教练讲座。几年前他甚至都无法想象自

① 单向组合（One Direction），音乐团体，成员来自英国和爱尔兰。

己如何旅行到英格兰的另一个城市，而现在他要飞越半个地球的距离了！

还有更悲惨的故事，记得一个来自萨尔福德（Salford）的小女孩谈起自己遭到母亲数个男朋友的性虐待而被迫离家出走，生活无以为继。最终，她得到了收养所的照顾，后来来到我们基金会。这个姑娘经历了很多苦难，但现在深受其他的孩子的尊敬，成为他们的榜样，她担任基金会的指导员，经常在全国举办讲座。

我听到这些故事，不禁想："太棒了，基金会干了这么多实事，原来真不知道有这么大用处。"我感到很欣慰，但同时也勾起了我童年时代居住在这里时的回忆。曾有个女孩子在楼道里被人捅死了，还有人遭到过枪击，我还知道那片地区有老头强奸少女，我就是在这样的环境中长大的，这一切都发生在我家附近，我都知道。但之后我一心要成为足球运动员，宁愿对很多事情视而不见，不让自己分心。我本不愿去想这些事，但突然间回忆起了过去，我知道这些惨剧仍在上演，我会敦促自己尝试至少让一部分人的生活美好一点点。

实际上我并不经常把这些挂在嘴边，人们会说"你看，他这都是为了自己，就是公关活动而已"之类的，实际上，做慈善的确需要一些名人将公众目光吸引到某个事件上以筹集资金，所以作为一名球员，我也需要用自己的影响力获取关注，让人们知道世上还有些阴暗的东西，有人需要大家的帮助。每次接受采访我都想谈这些话题，但我不希望人们失去对慈善的兴趣而把注意力放在我的身上，所以我选择避而不谈。这中间需要掌握平衡，但面对充满了冷嘲热讽的世界，又谈何容易。

我们现在的执行官加里·斯坦内特（Gary Stannett）在这个领域工作多年，我很荣幸与他一起共事。现在每两到四个星期他会给我反馈最新的信息，我们一起讨论新的主意：是不是应该在这些方面搞个活动？是不是考虑与这个或者那个组织合作？这让我随时能够得知新的动态，另外我的母亲也参与了很多，她在过去几年里组织了一些筹款义卖和慈善晚宴活动。

这种感觉很棒，一方面是在义卖活动上与娱乐界的朋友合作、获得一些用金钱无法买到的东西。我可能邀请吉米·内斯比特[①]或者其他人出面、为慈善活动做个演讲，他们都和我一样：只是在自己领域做得不错的普通人，依然和过去一样脚踏实地。

我们在萨尔福德、伦敦南部、南非和乌干达开展活动和项目，最近还在北爱尔兰的贝尔法斯特开始了一段新的合作。很遗憾，我无法全部照顾到，毕竟现在足球是我得以养家糊口的本行，但以后当我有充足的时间和精力时，我非常想更多地参与，看看每天在我们周围发生着什么。

我对自己故土和归宿有一种自豪感，我从不避讳自己的出身，故乡是我喜欢、欣赏、热爱的地方，我现在拥有的一切都是在佩卡姆的成长所赐，我依然喜欢去那些熟悉的地方吃点儿加勒比海料理，或是理个发之类的。有些人会说："你来这种地方干什么？这不是你该待的地方，多危险啊。"他们不懂，我就是喜欢这种地方，比如伦敦的刘易舍姆（Lewisham）、曼彻斯特的莫斯赛德（Moss Side），或者伯明翰的罗泽尔斯（Lozells）。我有什么好怕的？这些地方跟我在伦敦的故乡非常相像，让我感到舒服。浓厚的牙买加风情，多样的人种——白人、黑人、索马里人、非洲人，各种不同的文化，正是这样的环境孕育了我。

我以前经常去莫斯赛德的一家叫里奇（Ritchie）理发店做头发，现在它还在营业。有五六年时间我也经常照顾蒂普（Tipp）街上一个叫拉希姆（Raheem）的哥们儿的生意，他模样有点可怕，但人很好，典型的曼彻斯特人，后来我又去克里斯·洛克（Chris Rock）的店，他是牙买加人，也在莫斯赛德。有一次我和埃米尔·赫斯基（Emile Heskey）一起走进罗泽尔斯的一家店，人们很惊讶，问我们："你们在这里干什么？"我说："哥们儿，我来理发啊，你来这干什么？"

---

① Jimmy Nesbitt，英国演员。

第二十八章　告别足球后的生活

* * *

在你年轻的时候

一切都称心如意

每个人最终都要面对这一天，但当它真正到来时还是会让你吃一惊。做客南安普顿时，艾德·伍德沃德（Ed Woodward）在更衣室里告诉我曼联不打算与我续约了，这对于我不啻于惊天霹雳。几天后我去埃尔德雷（Alderley Edge）的维特罗斯（Waitrose）超市购物，正走向汽车时听到后面一对父子在谈论我：

“那个人你认识吗？”

“认识啊，里奥·费迪南德。”

“对。他以前在曼联踢球。”

以前？我仿佛听见了自己的悼词，实际上在我的曼联生涯结束之前我并没有这么深的感触。我决心找个地方继续我的职业生涯，我太喜欢足球了，不愿轻易告别绿茵场。曼联不需要我了，但世界上有的是俱乐部给我发来邀请。

我选择再次投奔我的启蒙教练哈里·雷德克纳普，为他执教的女王公园巡游者效力，我十几岁时，在加盟西汉姆联之前曾在这里训练过。我告诉哈里：“我的球员生涯从你开始，我也想在你这里结束。”这句话的关键词无需回避，当然是“结束”。每个运动员都要面对年龄这个不可抗拒的敌人，终究要告别自己挚爱的项目，我目前虽然还没到这一步，但这一天也不会太远。

问题在于，足球运动员和其他体育项目的运动员一样，一般没有充足的准备或教育水平来面对退役后的普通人生活，所以有些优秀的运动员，比如麦克·泰森（Mike Tyson），还有很多有过精彩运动生涯的运动员退役后陷入财务危机，一蹶不振。退役是个很重要的主题，但人们很忌讳它，从不愿谈起。我想讲讲这个话题，它对球员有巨大的影响，我也希望球员有更多的机会思考告别足球后的生活，怎样面对生命中的这场巨变。

许多球员过着彼得·潘（Peter Pan）一样的生活，退役势必对他们造成巨大的冲击。他们觉得自己对社会无用——除了足球一无所知，没有处理新问题的生活能力。虽然作为职业球员的生涯结束了，但他们还要面临自己人生的后半辈子，球员大多在 30 多岁退役，如果按活到 80 多岁计算，还有 50 年时间，球员需要提前考虑，为自己投资，谋划新的生活。

我很幸运，已经为自己做好了准备，在朋友的帮助下，我从数年前就开始考虑这个问题，未雨绸缪。我现在有自己的慈善基金会、自己的媒体、自己的餐馆和其他生意，还有我的社交媒体……假如在我受到伤病困扰、为失去英格兰队和曼联队中的队长职位而沮丧时没有这些东西充实我的生活，谁知道我会变成什么样。也许我会酗酒或者赌博，自暴自弃，有谁说得清呢。好在这些都没有发生，为此我需要感谢很多人，尤其是我的朋友、我的经纪人杰米·莫拉莱。

杰米和我结交已久，他经历过逆境，但成功地化险为夷，是大家的好伙伴。我们相识在 20 世纪 90 年代后期，我当时还是青年队后卫，被租借到伯恩茅斯，他二十五六岁，在克鲁亚历山大（Crewe Alexandra）踢前锋，后来我们在比赛中交手过几次，度假时也偶遇过。遇到杰米会让人很开心，我们一起去夜店、酒吧，也会促膝长谈。之后我们的人生轨迹分开了数年，直到8年前，在我俩的共同好友乔迪·莫里斯（Jody Morris）的婚礼上才再度碰面。那时我在曼联享受自己的巅峰时期，而杰米已经成了一名经纪人。与他的再次相遇成为我人生的一个转折点，也让我们二人都受益匪浅。

当时我在球场外的经济状况和管理一团混乱，自己对未来也毫无规划。那时我的足球经纪人是皮尼·扎哈维，从我在青年队起就相处多年，让我感觉很好。我的商业事务由另一家经纪公司掌控，我的度假安排、财政状况、保险和资产分别交给不同的人或组织负责。实在是毫无意义。

杰米后来的经历很坎坷，但他学会了用自己在足球界的惨痛经验帮助别人。他21岁时被认为是顶级联赛之外英格兰最好的前锋之一，以近50万英镑的身价转会沃特福德，但没有学会如何面对压力。杰米的生活变化太快，他没能抵挡住灯红酒绿的诱惑，在夜店放纵自己，挥金如土，球员生涯急转直下。我一直有足球圈外的朋友为我指点迷津，比如最好的朋友加文，我的妻子、父母还有弟弟安东。可杰米就没有这么幸运了，没有人给他提供任何关于足球和生活的建议。吃这种亏的人并不止他一个，我有很多同龄人极具天分，但球员生涯并不如意，或多或少可以从中找到原因。

我们再度碰面时，杰米有了自己的经纪公司，旨在从综合、长期的视角分析球员的生活和职业生涯，以帮助他们。我们再续昔日友情，杰米谈及球员的财务管理，解释了一些类似于帮助球员合理投资的方案。在酒店里，我看到每个英格兰球员都喜欢他、信任他，但最吸引我的是他为我设计的清晰的规划：将我打造为一个“品牌”，而更重要的，则是帮助我面对告别足球后的生活。

杰米劝说我加入他的公司，这样我所有的兴趣和需求就可以放在同一个屋檐下，全部由他安排，同时培养我的商业头脑，帮助我完成自我学习，这样我以后就无需将自己的财务交由他人打理。很多球员盲目听从财务助理的建议，在别人的怂恿下轻易在投资合同书上签字。我也做过好几桩这样的赔本生意，但生活总有这样的时候。现在我做的每件事都要自己全程参与，这才是我想要的。是杰米让我做到这一切的，我很感激他，也很喜欢他、信赖他。我们合作得非常愉快，现在我还在他的公司“新时代”（New Era）担任大使。

杰米对球员面对的一些问题有独到见解，这里我引用一段他自己的话。

足球是一项极其特别的运动，世界上没有哪个行当的收入变化这么疯狂，干个普通工作可能一年挣 2 万英镑，升个职达到 2.6 万英镑，这都在可控范围内。但足球运动员可能在英超挣着 6 万英镑的周薪，会被黄金珠宝、香车美女、阿谀奉迎迷住双眼，可是突然的一场伤病会让周薪骤减到 5000 英镑，然而，工作并没有什么变化，生活方式依然如旧，还贷却超过了自己的收入，你要如何适应？自己的能力没有太大改变，从事的行当也一样，依然在成千上万的球迷面前比赛。如何面对工资的一落千丈？到了 35 岁不得不退役，失去工作时，自己又怎样面对从未经历的这一切？

所以很多球员退役后破产也不足为奇，将来还会有更多这样的例子出现。球员总以为自己会永远年轻，绿茵场是终生的舞台，每个月 28 号就会有工资进账，但总有一天这条财源会枯竭。之前十年所有跟你套近乎交朋友、想弄几张球票的人不再给你打电话了，转而追逐新的球星；酒吧里再也没有主动提供的饮品，一切都要自己出钱。37 岁上下是最难度过的，望着镜子里的自己，你会想：“这都是怎么了？ 5 年前我每周都在电视报纸上抛头露面，4 万球迷在球场里高呼自己的名字，可现在却无人问津了。”

最糟糕的是你没有自己的关系网。我知道有些球员曾经挣着三四万英镑的周薪长达十年之久，但到了 40 岁却不得不为孩子脚上的运动鞋发愁。许许多多的退役球员难以从落差中走出来，有的离了婚，他们无法接受昔日的荣光已经不再的事实。于是有些人会寻求替代品，弥补原来足球在生活中占据的位置，诸如赌博、吸毒、酗酒——许多球员会这样，这并不都是他们的错误。这些替代品几乎是唯一能让他们找回一点点当年赛前更衣室里肾上腺素躁动感的东西。

退役的球员需要帮助，这应由多方通力合作。PFA、经纪人和经历过困境的退役球员应当重新回到足球领域，但不是作为高高在上的评论员或者主教练，而应当开办一些讲座，讲一讲生活技能以及如何面对告别足球后的生活。经纪人的角色也需要一些转变：现在球员面临退役时，经纪人的工作只是记录下他们的价值又降了一级，从每桩交易中榨出自己所能获得的最大利益。这没什么问题，但经纪人也应该从更全面的角度为自己的球员着想。很多经纪人在手下球员步入而立之年、金钱价值降低后逐渐失去对他们的兴趣，最终将其彻底抛弃。我敢说，90% 以上的球员到了 40 岁的时候不会与自己之前的经纪人有任何联系，因为那些经纪人又将精力转移到新的年轻人身上了。双方形同陌路，时常让人感到苦涩，但这又恰恰是退役球员最需要帮助的年纪，金钱短缺，他们迫切需要支持和引导。

说老实话，当你年轻、一切顺风顺水时，如果有人像我一样过来提醒你未来的问题，你绝对不愿意听。但有时，一些我本打算赶在他们临近 30 岁时坐下来，与之好好谈谈的球员会在 35 岁时打来电话寻求帮助，一切已经太迟了。球员要认识到，足球是一桩生意，只占据自己生活的一部分，到了 30 岁就需要着手准备了，让周围的人们开发自己新的兴趣，选择正确的投资，创造商业机会，迎接新的挑战，这样，退役的那一天真正到来时，就能够转身投入新的世界。把精力集中在新的生活上，就能避免被沮丧情绪侵扰。这一点上里奥就是一个很好的例子。

我那次与他偶遇时他正值巅峰期，斩获各项冠军，代表国家队出战世界杯。每个人都知道他的能力，但我看到了他的另一面，感觉他遭到了人们的误解。他被视为一个从普通社区里平步青云的模范球员，高不可攀，万贯家财却一毛不拔。我很清楚这种认识不正确，他希望为社区多尽些力，他想得到他人的理解。

谁都看得出来他之后的七八年间的进步。我目睹他成为人父，养育三个孩子，步入了婚姻殿堂，他对足球的投入也更加认真。

关于迎接告别足球后的生活，我认为里奥已经为自己铺平了道路，而很多与他情况类似的球员则手足无措。但里奥不仅想为自己铺平道路，他希望与我合作，让年轻的球员提前着手准备，帮助更多的人。他处世的态度就是：保持自身的强大，信赖周围的人，群策群力，便能实现梦想。

第二十九章　2014年世界杯

* * *

快乐星期一[①]

快乐星期二

快乐星期三……

巴西

巴西是我第一次作为一个球迷、而非球员参与的世界杯，但也只有波黑对阿根廷这一场比赛我是前往现场观看的，其他场次都和大家一样坐在电视机前。是不是很不可理解？但当时我为 BBC 工作，无法以个人喜好选择场次。身处马拉卡纳球场，当参赛队国歌奏响的一刹那，我感觉脖子后面的汗毛都竖了起来，脑子里只有一个念头："我想上场比赛！" 狂野的阿根廷球迷将气氛推向高潮，令人极其难忘。所有的南美人在这一点上都是天才。晚上我一般都跟朋友杰米漫步在科帕卡巴纳（Copacabana）海滩，走进那人山人海中。我扣上帽子，从不驻足，不希望被人认出来，这时我只想痛痛快快地喝一杯。人

① Happy Mordays，曼彻斯特的一个乐队名。

气最旺的球队有阿根廷、智利、乌拉圭和哥伦比亚，球迷的房车上覆盖着国旗，停满大街小巷。他们从南美大陆的各个角落驾车赶来，每个晚上都是一场狂欢，人们尽情畅饮，开怀对唱。

这届比赛给人印象最为深刻的比赛是两场大比分：西班牙首轮遭到荷兰5：1痛击，巴西在半决赛中1：7惨败于德国。荷兰对西班牙宣告一个时代的结束，而巴西对德国则开启了新纪元，真是太疯狂了。观看这两场比赛时，我们在演播室里面面相觑，嘀咕着："我们真的见证了这个时刻吗？"第一场比赛前几天我跟路德·古力特（Ruud Gullit）聊过，他的想法和其他人一样，认为荷兰后防薄弱，无法抵挡西班牙，可结果居然是如此酣畅淋漓的一场大捷！每个人都不禁大呼过瘾。但更惊人的还在后面，东道主居然在自家后院惨遭蹂躏，实在是太意外了。之前每次巴西队比赛，里约热内卢的气氛都极为狂热，科帕卡巴纳海滩另一侧山坡上的贫民窟里会传来枪炮声，焰火升上天空，每一个人都情绪高涨。那场7：1之后，我走进这座城市，等待一场骚乱。但我眼前是一片出奇的安静，弥漫着惊愕的气息。走在街上的人们似乎都在沉思："刚才发生的是什么？……明天这场梦就会醒的吧……这一定不是真的。"

让我最为欣赏的球风是智利和哥伦比亚两支球队的，尤其是智利那种强力推进的感觉，只要一拿到球就朝对方发起猛烈进攻，而哥伦比亚有哈梅斯·罗德里格斯（James Rodríguez）坐镇，我看好他在两三年内成为世界上最棒的球员。他就是克里斯蒂亚诺·罗纳尔多和梅西的继承人，马力全开，每次接球他都在寻找直塞球撕破对方防守的机会，或者前插跑动，调动队友，射门或是创造良机，而且他还是名左脚将！要知道左脚球员总是有些额外的优势。世界杯之前我就预测他将成为一大看点，但没想到他发挥得如此出色，而其他人们期待大放异彩的球员却都默默无闻，梅西、C罗和内马尔都与期望相去甚远。而托马斯·穆勒（Thomas Muller）则发挥神勇，他所在的德国队也是。施魏因斯泰格（Schweinsteiger）、克洛斯（Kroos）和赫迪拉（Khedira）表现不错，守门员诺伊尔（Neuer）更是有如神助。我觉得哥伦比亚的右前卫瓜德拉多（Cuadrado）和智利的桑切斯（Alexis Sanchez）也不错。富有激情的球员为自己的国家献上充满激情的比赛。

还有一些场面令我印象深刻。在英格兰与意大利的比赛结束之后我造访了英格兰队，之后又去了荷兰队下榻的酒店，气氛简直是天差地别。英格兰刚刚输了球，必然有些沮丧，这也很正常。而等我到了刚刚大胜西班牙的荷兰队那里，每个人都笑逐颜开，我看到罗宾・范佩西嘴都合不拢了，讲着各种笑话，谈论主教练范加尔。他说："比赛前范加尔跟我们说，比赛会如此如此这般这般……结果一切真的如他预料一样。他没说我们能进 5 个球，只告诉我们怎样拿下这场比赛。"罗宾还滔滔不绝地描述自己那个天外飞仙般的鱼跃头球。我问他当时是怎么想的，前锋在那个位置一般都要先停一下球才对。他说完全是本能反应。

回酒店的路上，我跟杰米说："这支球队会走得很远，他们信任主教练，从想法到足球哲学。主教练说草是蓝色的，那草就是蓝色的；主教练说天是绿色的，那天就只能是绿色的，球员跟定他了。"另外一点让我触动很大的是，范加尔将球员作为成年人对待。一天晚上，我们跟法比奥・卡纳瓦罗（Fabio Cannavaro）在宾馆酒吧等克里斯蒂安・维埃里（Christian Vieri）过来，突然间几乎整个荷兰队都出现了，他们来到这家酒吧小憩。我坐到斯内德（Sneijder）旁边，问他："怎么回事？这里你们能来？"他说："对，主教练让我们来的，只要 11 点之前回去就行。"我和杰米对视了一眼，开怀大笑。我们的球员简直是被当成婴儿，其实过去球员因此出过问题、主教练不信任他们、害怕媒体捕风捉影之类的问题都是无所谓的。荷兰的媒体甚至不会觉得这有什么好大书特书的，他们的球员看上去非常自在，很放松："我们出来待一会儿就回去，没什么大不了的，我们又不做什么出格的事。"我想：这个球队治理得井井有条，技战术出众，是因为有一种强大的精神。

来到世界杯最美妙的是有机会遇到乔治・维阿（George Weah）、巴克罗（Bakero）、贝利（Pelé）和巴尔德拉马（Valderrama）等名宿。我也喜欢跟过去交锋过的对手，如法比奥・卡纳瓦罗、克里斯蒂安・维埃里、克拉伦斯・西多夫（Clarence Seedorf）、蒂埃里・亨利一起出去喝一杯或者共进晚餐。现在我们不再是对手了，大家都放松下来，聊聊过去的美好时光，畅想足球的精彩未来。跟克里斯蒂安・维埃里的一段对话让我受益良多，他当年踢球时被称为花花公子，现在定居在迈阿密，他说："我喜欢现在的生活，可当年还是应该多踢一两年再退役的。"我得到的建议就是：尽量延长自己的运动生涯，到身体无法承担了再退役。希勒（Shearer）、莱因克尔（Lineker）、西多夫等人也是这样说的："接着踢下去吧。"路德・古力特说他最美好的时光是职业生涯末期在切尔西度过的，这让我颇为吃惊，毕竟当时切尔西还算不上强大。但在意大利承受了多年的期待和压力终于在伦敦得以卸下时，他感觉非常舒心，他还颠覆了我对法比奥・卡佩罗的印象。我问他在 20 世纪 80 年代后期和 90 年代初期那支无敌的 AC 米兰踢球是什么感觉，他回答："那支队伍并不是卡佩罗打造的——只是从阿里戈・萨基（Arrigo Sacchi）那里继承的而已。"要是卡佩罗还在英格兰帅位上时我就知道这些，也许当年就不会那么失望了。

在 BBC 工作还有其他的惊喜——当然是正面的。初到那里时，我还没有体会到加里・莱因克尔多么出色。等到我得以观察他的一言一行，从如何自我管理到即兴发挥、安排自己的台词，我深深地被折服了。他的很多内容是提前准备好的，有得力的后援团队支持，但还有很多是他临场发挥，一切都是那么游刃有余，他成功地从一个顶级足球运动员转型成为另一个领域的顶尖专家。许多人并不认识作为球员的加里・莱因克尔，却知道作为《今日比赛》（*Match of the Day*）主持人的加里・莱因克尔，作为沃克薯片（Walker's Crisps）代言人的加里・莱因克尔。

同事中还有很多旧相识，我跟丹尼・墨菲（Danny Murphy）、菲尔・内维尔（Phil Neville）以及马丁・基翁都曾在一块球场上踢球，或是队友，或是对手，还有我以前的邻居罗比・萨维奇（Robbie Savage），另外克拉伦斯・西多夫和蒂埃里・亨利也都是熟人。但最大的惊喜还是阿兰・希勒，我跟他一起代表英格兰队踢过十多场比赛，但从没有跟他说过话。当时他担任队长，但过来跟我打招呼的却是托尼・亚当斯，他说："祝你一切顺利，有什么需要帮助的就找我吧。"当时我觉得阿兰・希勒有点高冷，后来我才发现他的性格真的很好，对我很热忱，他完全放松下来，非常容易相处。我们晚上一起出去过几回，那几次啤酒喝得很尽兴。不管我需要什么帮助，他都会伸出援手，我感觉在电视上跟他配合得不错。实际上每个人都很喜欢演播室里的活跃气氛，我跟 BBC 的人合作得很愉快。阿兰・汉森能力也出众，这一点有目共睹，但在 BBC 内部他那点小毛病尽人皆知：他经常打瞌睡，也总被大家拿来开玩笑，但他的付出绝对配得上他所得到的。

这是他最后一次参与世界杯转播，因此决赛后我们组织了一次晚会，每个人在镜头前为他说一段话。我说："出色的球员，控球能力上佳，球风优雅，后场的进攻发起者，荣誉无数，球队的领袖，深受队友爱戴，真是个出色的球员，传奇人物……说的就是我。接下来再聊一聊阿兰・汉森吧。"大家听了忍俊不禁。之后我们在酒店小酌了几杯——喝到吧台都打烊了！于是我们走到海滩上一个卖酒和甜瓜的小屋子里，里面塞进去了三四十个 BBC 员工，再加上一些本地人。那里正好有一套音响系统，于是我拿出 iPad，在科帕卡巴纳海滩上当起了阿兰・汉森的《今日比赛》节目组告别晚会的 DJ！放了不少绿洲乐队（Oasis）的歌曲，还有快乐星期一、鲍勃・马利的，大家载歌载舞，快乐极了。

之前我也为 BT 体育担任过评论员，但并不是在世界杯这项足坛最大的盛会上。在整个国家的注视下，足球的历史正在被改写。但我不允许自己这样想，我不去想会有一千四五百万英国人看着我，拒绝让这样的念头进入我的脑海，相反，我就当作自己正坐在酒吧里或自己家中，跟朋友闲谈。我不感到紧张，但对待每句评论我都尽自己所能做到职业化，就像我踢比赛一样，这其中赛前研究工作非常关键，如果准备不充分，不对球队、球员和教练知根知底，那就相当于将自己暴露在枪口下。整个过程并不单单是为了满足电视观众的胃口。每天早饭时都会有一个节目编辑找到我，讨论节目流程、我打算介绍哪些球员之类的。整段经历让我学会了很多东西，而我在比赛日节目中的付出以及制作的《里奥在里约》(*Rio in Rio*）纪录片都收到了良好的反响。

世界杯初期我每天都要做一场比赛，但小组赛一结束，比赛场次骤然减少，我就经常能休息一整天。这也让我有机会在海滩上逍遥一下，还能拍摄我的纪录片，看看贫民窟里的生活。我们去了圣玛尔塔（Santa Marta），那里普通人的生活令人意想不到，他们很贫穷，狭窄的小巷里居然还有露天的臭水沟，居民对政府的迁移改造方案意见很大。他们说："别管我们，我们什么都不要，我们穷惯了，无所谓，我们过得很开心。你们要是能建些基础设施当然好，不行的话就别来管我们。不要闯进来拆毁我们的贫民窟，我们世世代代居住在这里，这里有我们的历史。"他们与家人居住在这种地方多年，却无缘无故被撵走，唯一的原因只能是金钱。这个地方在整个城市里位置最佳，贫民窟位于山坡上，可以欣赏到美丽的海景。居民告诉我，政府食言了，承诺的交通系统改造、建造医院和儿童教育并未兑现。钱到哪里去了？人们非常不满。现在政府开始实行"安抚"，军队即将发起攻击，扫平毒枭，"安抚"贫民窟的居民。但有时权力的肆虐会掠夺走贫民窟的一切，占领房屋，将居民迁往城市的其他地方。其中有些人就在里约的市中心工作，却要被迫搬到距离市中心三四个小时车程的地方去，这太荒谬了，远离亲人朋友之后，他们会多么痛苦。想象一下，有人闯进你家的起居室，告诉你："赶紧一个星期内搬走。通知你一下，那个地方还不如这里。"

巴西世界杯后的英格兰

在巴西的经历令我难忘，我遇到了一些了不起的人，值得我仔细回味。每天早上在美丽的科帕卡巴纳海滩醒来，还会有什么不满意的呢？但是，对于英格兰队在世界杯上的表现，我们会有很多不满意。小组垫底早早出局，负于意大利和乌拉圭，三场比赛仅积一分，这让我们意识到，我们的“国球”在根本的地方出了问题。如果得不到解决，我们将永无出头之日。

从某个层面讲，我觉得我们错过了一个磨练年轻人的机会。假如罗伊·霍奇森一开始就强调：“把这次世界杯交给年轻球员。我们不期望夺冠，只为2016年欧洲杯做准备，让年轻人积累经验。无论比赛结果如何，从过程上来说都会是一届有意义的世界杯……”假如他这样说的话，也许我们可以稍微乐观一点儿面对下一届大赛。英格兰对阵意大利的第一场比赛中拉希姆·斯特林（Raheem Sterling）、罗斯·巴克利（Ross Barkley）、丹尼·维尔贝克和达尼埃尔·斯图里奇（Daniel Sturridge）这些小将毫不怯场，值得为之欣喜。拉希姆·斯特林的表现让人们觉得似乎能靠他赢下比赛。但我们的防守出了问题，美梦还是破碎了。而在接下来的两场比赛中球队毫无改观，令人感到沮丧。

但这种看待世界杯的视角依然显得狭窄，我们比赛中的突出问题根源很深，我们需要从U14和U15找问题，像德国等国家一样。足球运动是有周期的，我们需要创造自己的时代。看看荷兰吧，世界杯开始前是老牌强队中最不被看好的，可他们距离决赛只差了点球决胜那么一点点距离。而这一切都是靠发展了多年的荷兰足球哲学得以实现的，他们强调脚下技术、注重传球，荷兰队的表现与他们的足球历史和传统紧密相关，也许这次世界杯他们踢得并不像以往那么赏心悦目，但很明显跟对青少年培养、教练指导以及战术原则的思路是一脉相承的。数十年来他们保持清醒，对自己的足球认识明确，我们也需要打造自己的一套东西。

在英格兰，足球界上层的人士必须合作起来，达成创造自己足球哲学的共识，惠及我们培养的球员。面对任何一个国家的足球，我们都不需要自卑，我们的球员同样速度快、力量好、能力强，不比任何人差。技术层面我们也有很多优秀的球员，只是需要一个良好运转的系统，让每个人都理解并适应。现在，球员要经历U15、U16、U17、U18、U19、U20、U21再进入一线队，而每个级别的每个教练要求都不一样。足总也在寻求改变，但目前的努力还远远谈不上彻底。

再看看新科世界冠军，德国的俱乐部和足协在过去 15 年左右的时间里合作建设青训体系和战术系统，因为他们都认识到了这对球员极有帮助，而最终也让俱乐部和国家队受益。我们就缺乏这种眼光，英超联赛与足总的设想和规划完全是背道而驰的，二者之间的障碍必须消除。豪门俱乐部对国家队毫无兴趣，只关心自己的利益，奉行金钱至上的观点。每个俱乐部都有自己的想法，思路迥异，完全不在乎是否与国家队合拍，足总又不够强势，没有制定并执行政策的绝对权力，这样下去英国足球注定要重蹈覆辙。浑浑噩噩，毫无规划，绝不可能取得好成绩。要想有实质的进步，初期必须下决心牺牲一部分人的利益，注重长远利益，播种后静待收获的日子，这不是立竿见影的事。

另外各个级别的设施和优秀教练员远远不够，出众的年轻球员也得不到足够的机会在最高水平的舞台上表现。我加入了格雷格·戴克的足总调查团，就是为了多走走，与更多的人交流，看看其他国家是怎样做的。这个调查团的工作凝缩为两份报告，第一份提议创建一个新的联赛，为豪门俱乐部的年轻球员提供更多机会，结果立刻遭到了抨击。我们的目的就是把问题摊开来辩论，这一点应该做到了。另一份即将出炉的报告包含更多技术内容，我们将关注许多具体问题，着眼于跟其他国家的对比。

比方说，整个英格兰只有 639 块 3G（第三代）全天候人工草皮，而德国则有超过 5000 块。足总对各级别俱乐部的调查显示 84% 的受访目标认为设施条件不佳，这直接影响到球队数量和孩子们参加的年龄组别。我们的教练员太少，现有的这些能力也达不到要求。西班牙的 A、B、职业级教练有 2.5 万人，德国有 3.5 万人，我们是 6000 人。其他国家的教练员能得到大家的尊重，收入也更高，德国和荷兰的青训教练年收入有 4 万英镑，可以作为职业，在英格兰则只有 1.6 万英镑，只能当作爱好。这些因素都与国家队的水平直接相关。

我们还有一个问题出在文化上。太多的教练员向有天分的小孩子灌输怎么踢球，而不是让他们自然发展。其他国家的培养都注重技术、球感、意识，而我小时候听到场外传来的声音都是让我们玩命地跑，拼死去抢。对精妙脚法的赞美总比不过凶狠的拼抢，拼抢的确是比赛中重要的一部分，但我认为技术环节永远是最重要的。顶级球星有出众的脚法，都是他们以自己的方式、自由自在埋头苦练的结果。看看克里斯蒂亚诺·罗纳尔多，他小时候踢的完全是随性的街头足球。他全身心投入足球，就是出于热爱。巴西的罗纳尔多、马拉多纳，韦恩·鲁尼、弗兰克·里贝里（Franck Ribéry）……他们都是街头足球出身，按照自己的想法特立独行。

这些东西我经常跟韦恩和克里斯蒂亚诺谈起。韦恩对我讲过几次，教练安排他踢某个位置，但他拒绝了，说那不是最适合自己的位置，现在这么踢挺好的。这样的球员从小时候就有自己的主见，能够理解足球，知道自己的长处在哪里，但可惜有些教练认为这种想法很危险，拒绝接受。当年鲁尼在埃弗顿就非常自在，无拘无束，也许某些俱乐部就不会这样放任他。埃弗顿很聪明，知道有的球员具备成长为顶级球星的潜能，于是给他充分的空间，让他自由成长。

我经常谈论足球哲学，在推特上也是，那现在英格兰的足球哲学是什么？我觉得根本没有，就是多跑多抢，恨不得飙到时速一百英里。作为一个球员，全力付出是最基本的，我不理解人们为什么要如此夸赞拼搏精神，球迷花钱来看你比赛，当然要付出自己的努力回报他们。球员要做的是在良好的体系、正确的足球哲学下顽强拼搏。

同时，如果你有缘遇到顶级俱乐部的一些有着自己清晰计划的优秀教练，就能在短时间内完成飞跃。看看罗伯托·马丁内斯（Roberto Martinez）治下的埃弗顿多么迅速地从只会从后场或边路往禁区里起球转变为在酋长球场控球压制住阿森纳，布伦丹·罗杰斯（Brendan Rodgers）也在一个赛季内让利物浦脱胎换骨。这是另外一个模式：从一线队开始，向下渗透至 U21、U19、U18 等各个年龄段，也许这同样是一条可行之道。但不管某个俱乐部或者主教练的足球哲学有多么成功，也不可能让整个国家都按这一套来。一定要从最顶端开始步调一致的努力，我们需要明确的方向和领导者。我们不缺好球员，但如果谁都没办法把他们顺畅地衔接进国家队的话又有什么用呢？真的毫无意义。我宁愿看到一支像哥斯达黎加那样的球队，没有世界级球星，却能给人惊喜。

第三十章　回家

* * *

我踢球从来不是为了钱

我早就清楚在离开曼联后我还想继续踢球，但不知道是在哪里。世界各地都有球队邀请我加盟，其中许多地方气候宜人，同样也有英超球队对我感兴趣。我正在犹豫时，哈里·雷德克纳普的电话让一切都豁然开朗了。

亚洲、波斯湾、美洲都是美妙的度假地，但真的适合我去生活、工作吗？我不太确定。我越想越觉得回家是最好的选择，我的心是属于伦敦的。在曼彻斯特结交的众多好友，我还会和他们保持联系，但伦敦有我的家人和旧友。另外我也想让自己的孩子进一步了解伦敦，我的新房子距伦敦市只需乘坐 15 分钟的火车。

就在这个时候，哈里打来电话，劝说我投奔他的 QPR（女王巡游者）。哈里·雷德克纳普，我的第一个主教练，我十分尊敬他，他在我职业生涯初期对我关怀备至。于是一瞬间我就拿定了主意，我意识到除了伦敦，我不想去第二个地方踢球，我只会选择退役。签约后，哈里在记者招待会上说过我的薪水“低得令人难以置信”，但我不以为然。的确去其他地方我可能拿到两倍、三倍甚至四倍的薪水，但金钱从不会成为我的推动力。早上起床我从来不去想今天能挣多少钱，而是想今天要做到什么。我在职业生涯中挣的钱并不少，我一直相信只要球踢得好，经济上就不会被亏欠。我绝不容忍自己到 QPR 大捞一笔，这家俱乐部过去几年的确有过好几笔交易给队员提供了过分慷慨的条件，但我可不想这样被人戳脊梁骨。

QPR 对我的吸引力不仅限于主教练哈里和伦敦这两点，我跟这家俱乐部渊源颇深，其实我的整个家族都是如此。我弟弟安东以前在这里踢球，我的叔叔莱斯（Les）也效力过 QPR，并且这里还是我的足球启蒙俱乐部。我十一二岁的时候代表叔叔戴维（Dave）的球队布鲁姆菲尔德竞技（Bloomfield Athletic）参加过一场杯赛比赛，有一个名叫桑迪（Sandy）的 QPR 球探在现场关注我们的对手——郎雷恩队（Long Lane），但最后他从我们队挑走了三四个人，其中包括我。于是我在 QPR 训练了几年，大部分时间接受保罗·哈维尚（Paul Haversham）的指导，他是个出色的教练。在这家俱乐部有一点让我很开心，就是我们能拿到一队比赛的免费球票。那时队中有很多优秀球员，比如雷·威尔金斯、克里夫·威尔逊（Clive Wilson）以及阿兰·麦克唐纳（Alan McDonald）。后来，就像我在前面章节里讲到的，老弗兰克·兰帕德说服我加盟西汉姆联，于是便有了后来的一切。不过我很怀念在 QPR 的时光，那段日子过得很开心。还有个比我大一岁的老乡尼格尔·夸谢（Nigel Quashie），我们的关系很好。

我在西汉姆联青年队时，哈里·雷德克纳普让我有自信去挑战，在场上勇于尝试、充分表现自己。我有自由发挥的权利，他还打包票我以后一定会进入一线队。对球员他也有着独特的夸赞方式，在更衣室里跟其他人谈话，但故意让我听见，比如跟某个教练谈论我：“别看他体格那么瘦弱，以后肯定能成大器，走着瞧吧！”有一场我跟卢顿队（Luton）的比赛发挥失常，赛后他站在更衣室中间跟一个教练讲：“看看他这么不起眼，好像一无是处！但他真的很棒！速度那么快，天分又好！”一周之后他就把我租借到了伯恩茅斯。我不大情愿，但他保证："你就去吧，回来你就能上一线队了。"他果然没有食言。

当时伯恩茅斯的主教练是哈里的朋友梅尔·马辛（Mel Machin），两个人很像。第一次上训练场时我还有点紧张，可之后他在过道里当着几个队员的面对我说："以后我就叫你球星了！你的名字就是球星，来吧球星！"我立刻信心满满。在那里我只待了两个月，踢了12场比赛，但结交了很多好朋友，留下不少美好的回忆，我现在还和一些队员保持联系，比如杰森·布里瑟特（Jason Brissett）。这都是哈里设计好的，就是为了让我积累更多的经验。我一回到伦敦，立刻就被他选入一线队，踏上了不断前进的路，我觉得有些主教练还没有意识到鼓励年轻队员有多么重要，一两句夸奖的话就能起到极大的作用。记得1996年欧锦赛时，我还是个小孩，有幸跟英格兰队一起参加过训练，当时球队主教练是特里·维纳布尔斯（Terry Venables）。一堂训练课结束后，我从他身边走过，他对我说："哦，孩子，今天你踢得太棒了。"当你听到这句话，直到走回房间时脖子上的汗毛还是竖着的，你也会给每个人打电话，告诉他们："英格兰队主教练特里·维纳布尔斯说我踢得太好了，看来我有机会入选！"

对技术出众的球员，哈里从不吝惜赞美之词，他喜欢这种球员，热情鼓励他们。训练场上你会听到他对乔·科尔说："哦，科尔！咱们队里还有你这样一个魔术师！"各种各样精巧的技术都会得到他的称赞。他也经常对我说："不要怕失误，失误也无所谓，只要不总犯同样的错误就可以。我想看你充分展现自己，你真的很棒……"我们在西汉姆联经常练一过一，他总安排我跟保罗·迪卡尼奥一起，在旁边大喊："保罗上啊！上啊！带球过他！过他！"他总会以一种美妙的方式让你的弦绷紧。

主教练需要鼓励年轻队员，让他们有信心——同时也要清楚什么时候让他们面对现实，这一点哈里同样做得非常出色。他依然保持着过去的激情，像一个老顽童。回想起来，我唯一的一点遗憾就是20世纪90年代的西汉姆联基本没有染指冠军的念头，这固然跟球队中的老队员以及饮酒风气有很大关系，但当时球队的心思都放在如何保级上了。假如当时有更多争胜的意愿，也许我们在这家俱乐部会有更大的收获。倘若我在职业生涯中能更早地拥有这种心态，或许我的成就会更高一些。总之，哈里给了我一个好的平台，作为我的起点。他喜欢让球员表现自己，而且从不惩罚在场上因创造性的尝试而导致失误的队员，这一点与很多教练不同。所以在成长阶段中，我一直无所畏惧，而我知道的很多球员并不是这样的。

哈里对队员的惩戒方式绝对是独一无二的，当我出了什么问题的时候——都不是什么大问题，但确实有时会发生——他就把我叫到办公室，指着他桌子后面足足有一整面墙那么大的鲍比·摩尔的肖像，对我说："你觉得他会做出你这种事吗？他会不会让自己面临这样的处境？我跟他一起踢过球的！他就是你的标杆！你面前的路还长，但你在足球方面有不错的潜能。看看他吧！想想换成他的话会怎么做！你多想想！"哈里经常谈起鲍比·摩尔，拿他做例子。

在 QPR，他的办公桌上并没有这张肖像，但某种意义上，这家俱乐部跟当年的西汉姆联有些相似，我有一种叶落归根的感觉，甚至好像穿越了时光隧道。QPR 在哈灵顿（Harlington）的训练场与曼联的卡灵顿（Carrington）基地最大的差距就是金钱，曼联在训练设施上不惜血本，支出以数百万英镑计，但我也喜欢那种传统、质朴的感觉。我打小就熟悉 QPR 的训练场，它是有故事的，散发出一种古旧的魅力。当然，这里不会像曼联那样有奢华的游泳池，但也不会让人藐视，只是风格不同而已。基本的设施都有，作为球员已经足够了，这里的条件完全能够保证我们做好充分的准备，迎接每周六的比赛。

还有一件让我欣喜的事情，就是与格伦·霍德尔再次相聚。参加他的第一堂训练课时，我不由得露出微笑。他教我们三中卫阵型的踢法，如何利用无球跑动为队友创造空当来突破。他的解释清晰易懂，还不经意地展现了一次精妙脚法，让我回想起了 18 岁在英格兰队跟着他训练时的情景。守门员大脚开了过来，他拿外脚背轻描淡写地将球卸在地上，一副若无其事的样子继续讲解。我放声大笑，因为回想起了他当英格兰主教练时也有过这么一回：把高球稳稳停下，连思路都没有受到干扰。多么出众的球感！神情也那么泰然自若，恬淡从容。

以我在队中的角色，我不想一来到这里就大放厥词。毕竟行胜于言，只要大家认可我的职业素养、我的踢球方式、我的态度以及我传递的信息，那就再好不过了。哈里清楚我会带来什么，他也不需要告诉我该做什么。如果我看到了什么，觉得需要讲一讲，我自然会讲出来。我的运气不错，这里的更衣室气氛很好，有很多跃跃欲试、积极进取的年轻人，其中有不少是我的旧相识。乔伊·巴顿（Joey Barton）显然跟我一样，是个推特达人。丹尼·辛普森（Danny Simpson），他在曼联青年队时我们就认识。还有些我过去的对手和队友：博比·萨莫拉（Bobby Zamora）、罗布·格林（Rob Green）和杰梅因·耶纳斯（Jermaine Jenas）。

在这里感受到的压力与我过去在曼联所习惯的不同。压力仍然存在，我也想看看自己能适应得怎样，这种压力又会对我在各方面产生什么影响。当然，在赛程表里我最先寻找的就是与曼联的比赛。当我看到这场球是赛季第四轮时，我自然而然地想道：这场球肯定很艰难，对方实力不错，我要面对以前的队友了，0：0 的结果应该不错，当然能赢的话肯定更好。

我小的时候就承蒙哈里关照，他给了我信心，也充分信任我。这个赛季我希望能够回报他，在职业生涯的末期再次相聚就像一个圆满的轮回。故事的结局将会如何？但愿 QPR 能够保级，留在英超。那将是一个大团圆的结局，是个美好的结局。